中国人要知道的中国事儿

易米 编著

艺术卷

华夏出版社
HUAXIA PUBLISHING HOUSE

图书在版编目（CIP）数据

中国人要知道的中国事儿·艺术卷/易米编著.—北京：华夏出版社，2013.10
ISBN 978-7-5080-7775-8

Ⅰ.①中… Ⅱ.①易… Ⅲ.①中华文化－青年读物②中华文化－少年读物③艺术史－中国－青年读物④艺术史－中国－少年读物 Ⅳ.①K203-49②J120.9-49

中国版本图书馆CIP数据核字（2013）第183260号

中国人要知道的中国事儿·艺术卷

作　　者：易　米
责任编辑：刘晓冰
封面设计：锋尚设计

出版发行	华夏出版社
经　　销	新华书店
印 装 厂	北京汇林印务有限公司
版　　次	2013年10月第1版　2013年10月第1次印刷
开　　本	720×1000　1/16
印　　张	14
字　　数	222千字
定　　价	29.80元

华夏出版社　网址：www.hxph.com.cn　地址：北京东直门外香河园北里4号　邮编：100028
若发现本版图书有印装质量问题，请与我社营销中心联系调换。　电话：(010) 64663331（转）

目录 CONTENTS

- 1 / 先秦时期的舞蹈和音乐
- 5 / 神奇的战国编钟
- 8 / 雄伟壮观的兵马俑
- 12 / 古代的足球运动——蹴鞠
- 16 / 宫廷音乐家李延年
- 19 / 帛书和帛画
- 23 / 汉代的角抵百戏
- 27 / 汉代画像石
- 31 / 女书法家卫铄
- 34 / "书圣"王羲之
- 39 / 画圣顾恺之
- 44 / 隋朝音乐家万宝常
- 48 / 一代宗师阎立本
- 53 / 李隆基与《霓裳羽衣曲》
- 58 / 著名乐工李龟年
- 62 / 画圣吴道子
- 66 / 颠张狂素
- 70 / 颜筋柳骨
- 74 / 琵琶圣手段善本

79 / 韩干画马
83 / 茶神陆羽
87 / 第一部绘画通史——《历代名画记》
91 / 敦煌莫高窟
96 / 唐代的音乐艺术
100 / 黄荃和徐熙的花鸟画
105 / 辽代的绘画艺术
110 / 白描大师李公麟
114 / 清明上河图

118 / "米颠"米芾
123 / 被湮没的文化名城——黑水城
127 / 金朝"文士领袖"赵秉文
130 / 白朴与《梧桐雨》
134 / 王实甫与《西厢记》
138 / 关汉卿和《窦娥冤》
142 / 赵孟頫书画双绝
147 / 高明与《琵琶记》
152 / 梅花道人吴镇
156 / "脱尽元人风气"的书法家宋克

159 / "浙派"创始人戴进

163 / 吴门四大家

170 / "十二平均律"的创始人朱载堉

174 / 说书艺人柳敬亭

180 / 汤显祖和《牡丹亭》

185 / 书画大家董其昌

189 / 一代宗师陈洪绶

193 / 画僧石涛

197 / 洪升与《长生殿》

200 / "板桥道人"郑燮

204 / 孔尚任与《桃花扇》

208 / 清代第一书法家邓石如

212 / 晚清大画家任伯年

216 / 中国第一部电影故事片——《难夫难妻》

華夏

先秦时期的舞蹈和音乐

舞蹈是八大艺术之一,八大艺术是指舞蹈、音乐、文学、绘画、雕塑、建筑、戏剧、电影。根据有关专家的考证,在人类漫长的发展历史中,舞蹈是最先产生的艺术。

由于原始社会和封建社会生产力低下,人们在跟严酷的大自然进行斗争时,需要分工合作,以更有效地获得生活必需品,于是就开始用动作、姿态、表情等方式来进行交流,这就是最原始的舞蹈。在舞蹈产生以后,又逐渐出现了语言,进而是诗歌和音乐、绘画、雕刻等艺术。

由于舞蹈是对人们日常生活的模拟和反映,所以很多舞蹈动作是对狩猎、种植等劳动动作的模仿,对山林间的鸟兽的模仿,对战斗场面的模仿,等等。这些舞蹈反映了那个时期人们生活的方方面面:爱情、战争、宗教以及劳动情况。

如果说原始社会人们的舞蹈是粗糙的、无意识的,只是即兴发挥,那么到了夏商时代,舞蹈得到了人们的重视,出现了专业的舞蹈者(巫者和乐舞奴隶)。由于在殷商时代生产力不发达,人们对自然界的很多现象不理解,认为有鬼神在统治天地,主宰一切,迷信思想十分严重。巫者所跳的舞蹈,多是为了向神献媚,取得神

新疆出土的《伏羲女娲图》。伏羲和女娲为中国神话中人类的始祖

的欢心，以获得神的保佑或者得到神的指示。巫者被作为神的代言人，社会地位很高，甚至可以参与国家大事的决策。乐舞奴隶是真正的专业舞蹈艺人，据说夏朝君主启已经开始在宫殿中观赏多人表演的集体舞，夏朝的末代皇帝桀在宫中设有"女乐三万人"，到殷商末期，女乐的数量更多。这些专门的舞人使舞蹈艺术得到了飞速发展，但她们的身份仍然是奴隶，社会地位十分低下，没有人身自由，命运掌握在奴隶主手里，被任意买卖甚至处死。现在发现的殷商时期的奴隶主古墓中，常常会发现殉葬的乐舞奴隶的尸骨。

　　这个时代的舞蹈加进了音乐，有了更丰富的元素和表现形式，并且从群众自娱自乐的形式转变为表演形式。当时比较著名的乐舞有《韶》、《大夏》等。

　　《韶》又名《箫韶》，传说是歌颂舜的舞蹈，是舜和司法官皋陶（gāo yáo）合作写歌词，乐官夔（kuí）配乐曲编舞而成的。它广为流传，影响深远，在舞蹈史上的地位很高。它是集音乐、歌曲、舞蹈为一体的综合艺术形式，主题是团结合作，和睦相处。最初的《韶》舞是欢庆狩猎胜利的群众集体舞，人们狩猎归来，把猎获的动物献给祖先，并且披上兽皮，戴上鸟羽，模仿飞鸟走兽的各种动作，开始狂歌劲舞，以表达喜悦的心情。最后在主要伴奏乐器排箫的演奏声中，凤凰从天而降，舞蹈达到高潮。这个乐舞中的舞蹈有九种变化，所以有"箫韶九成，凤凰来仪"的说法。

　　在我国漫长的历史发展过程中，历代统治者都喜欢编排大型乐舞来颂扬自己的功德，这种做法起源于夏代。《大夏》就是其中著名的代表作。因为这个乐舞的主龠（yuè，古状像笛子），龠。这个乐舞颂禹治水有秋》记载了大喻户晓的故操劳，三过家要吹奏乐器为代乐器，形因此又名《夏舞的主题是歌功。《吕氏春禹治水这个家事。大禹日夜门而不入，终

新石器时代的彩绘陶盆。上面绘有舞蹈纹图，表明人类很早就开始学会舞蹈了

于将水患治好，让百姓过上了安居乐业的日子，皋陶因此创作了《夏籥》来歌颂他。人们在表演时头戴皮帽，赤裸上身，下穿素白裙。

周代建立了我国第一个宫廷雅乐制度。雅乐，是指我国古代在祭祀天地、军事大典、宫廷仪式等隆重场合所演奏的音乐。《乐记》中说："大乐必易，大礼必简。"意思是说，最高、最大、最好的音乐一定是平易近人的，最高、最善、最好的礼仪一定是简单朴实的。因此，雅乐的风格就没有那么花哨繁杂，整体上表现为：庄严典雅，节拍缓慢，篇幅较长，规律整齐，营造出一种安静、肃穆、和谐的氛围。

春秋时期的青釉双系罐

随着诸侯势力的膨胀，形成了群雄争霸的局面，周王室逐渐衰落，"礼乐不兴"，最后终于"礼崩乐坏"，西周的礼乐制度遭到了极大破坏，表现之一就是"郑卫之音"流行。"郑卫之音"其实是郑国和卫国的民歌。每年阳春三月，万物复苏，到处一片欣欣向荣的景象，人们习惯在这个季节用音乐和舞蹈来祭祀和聚会，有时候男女还借此机会表达感情，因此这些民歌就显得十分热烈奔放，具有浪漫主义特征。这些音乐和舞蹈是对雅乐的极大冲击。以维护礼乐制度为己任的孔子对郑卫之声十分反感，"恶郑声之乱雅乐也"。

在先秦乐舞的发展过程中，出现了不少著名音乐家，有的是宫廷乐官，有的是民间高手。

先秦时期的宫廷音乐家中，师旷无疑是最有名的。师旷是晋国音乐大师，大约生活在春秋晚期晋悼公、晋平公年间。他天生眼盲，但听力超群，有很强的辨音能力，同时音乐知识非常丰富，善于用琴声表现自然界的声音。他是专门为皇帝服务的一名乐官，终生在宫中生活，但他的地位远远高出一般乐工。他曾经听到晋平公铸造的大钟音调不准，就坦诚地直言相告，但是晋平公不以为然，后来卫国乐师师涓证实，确实如此。师旷晚年著有《宝符》一百卷。

《列子·汤问》中曾经记载了两个技艺高超的民间音乐家的事迹。

　　战国时期秦国的薛谭向歌唱家秦青拜师学艺，经过一段时间的刻苦学习，技艺有了很大长进，薛谭骄傲地认为自己不需要再学了，就向老师告辞。秦青并没有挽留他，在郊外设宴为他送行。席间，秦青"抚节悲歌，声振林木，响遏行云"，意思是，打着节拍，慷慨悲歌，歌声震动了林木，高入云霄，连空中飘动的云彩也仿佛停下来倾听。薛谭十分惭愧，马上要求继续跟着老师学习，从此再也不提回家的事情了。

　　另一个民间音乐家是韩娥。她在去齐国的路上，因为缺乏粮食，只好唱歌乞讨。她走了以后，那美妙的歌声萦绕着房子里的大梁，三天三夜不停息，大家都以为她还在这里呢。后世因此有了"余音绕梁"、"绕梁三日"的成语，来形容动听的歌声。

神奇的战国编钟

编钟是中国古代的一种打击乐器，用青铜铸成，也有石制和陶制的。一个巨大的钟架上，大小不同的编钟按照音调高低排列，钟柄和钟体内腔相通，用丁字形或者长形的棒有节奏地击打，可以发出清脆、悠扬的乐音，演奏出美妙的乐曲。因为它的旋律像歌曲一样，所以也有"歌钟"之称。"金石之声"的"金"就是指编钟，"石"就是指编磬（qìng）。

编钟最早出现在三千五百多年前的商代，是古代祭祀、宴会、征战等场合使用的乐器，是古代统治阶级的专用乐器，象征着权力，所谓"钟鸣鼎食"的意思就是击打编钟，列鼎而食。

编钟呈椭圆形或圆形，很像两个瓦片合在一起，上径小，下径大，钟口边缘不齐，两边的角向下延伸，呈尖角形。钟的顶部有柄的叫甬钟，带钮的叫钮钟。钟的表面有简单的兽面纹饰。每一枚钟上都铸有36个突起的包，叫钟乳或枚。

商代的编钟形制比较简单，3枚钟一套，到了西周中期和晚期，编钟已经发展为5枚到8枚，音色更加丰富，能发出两个音级（划分音阶中各音间音程的单位）。当时的宫廷宴会上经常用到编钟，称为"钟鼓之乐"。到了春秋时期，编钟又出现了9枚一组和13枚一组的。秦汉以后，编钟的形状也发生了变化，由椭圆形变成了圆形，而且每个钟也只能发出一个乐音。

到了隋唐时期，编钟的应用范围基本上还是在权贵阶层，民间很少流传。唐代诗人曾经在作品

安徽寿县蔡昭侯墓出土的编钟。春秋时期，编钟的数目比西周时期有所增加，音乐表现力也得到提高

中描绘过编钟的美妙声音，并且围绕编钟还发生过一个有趣的小故事。

宋沇（yǎn）是唐代名相宋璟（jǐng）的孙子，精通音律，唐德宗时曾当过太常丞，负责管理国家的礼乐。有一天早晨，他在光宅寺等着上朝，忽然听到寺中佛塔上的铜铃在风中叮当作响。这响声仿佛有些不寻常，他侧耳听了许久，若有所思。上朝的时候，他还在出神，觉得那奇怪的响声里有玄机。下朝以后，他马上跑回光宅寺，找到主持问："上面悬挂的塔铃，是从哪里来的？"主持茫然地摇头回答："这个问题我也说不清，反正我来到这里时，那个塔铃就挂在那里。"宋沇请求主持让人到塔顶去试着敲打一下那颗铜铃，让他再分辨一下。主持犹豫了一下，还是答应了。铜铃又响了，寺内的僧人逐渐围过来看热闹，有一个僧人说，这颗铜铃确实有些异常，即使没风，其他铜铃都不动，它也会发出响声。宋沇说，这就对了，这不是一般的铜铃，是一个古老的编钟。他向僧人解释了它无风自鸣的原因，原来在宫里的太常乐队中也有一套编钟，其中的一个和塔顶的这个编钟音律相同，当太常乐队敲响编钟时，光宅寺的编钟就产生了共鸣。看到僧人疑惑的表情，他自信地做了一个试验。他回到太常府，让乐工奏响编钟，同时另派乐工和僧人在寺庙守候，果然，太常府的编钟响起的时候，这个铜铃也开始应和。僧人把塔上那颗奇异的铜铃摘下来一鉴定，果然是一个编钟。于是，宋沇向寺院买下了这个"失散"的编钟，让它回归了本来的地方。

宋代以后，编钟的铸造技术渐渐失传，相关的乐曲也逐渐淘汰，编钟这种古代大型乐器开始退出历史舞台。清代宫廷中虽然仍有编钟，但是跟传统编钟相比，形制已经有了很大不同，音律更是相差很大。1957年，在我国河南信阳阳城出土了一套编钟，由13枚组成。此后，各地又陆续出土了各式各样的编钟，但是它们的名气都远远比不

曾侯乙墓内棺上的一幅漆画《朱雀图》。朱雀的造型夸张，富有强烈的装饰意味

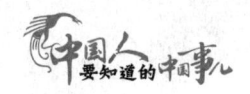

上河北随州出土的一套编钟。1978年，河北随州南郊的一座战国古墓中出土了最引人注目的一套编钟：曾侯乙编钟。这座墓的主人是战国时曾国一个名叫"乙"的诸侯，他既是一个善于征战疆场的军事家，也是一个通晓音律的艺术家。据历史学家考证，他是周王的宗亲，与周天子同姓。他的墓中有大量文物，显示着墓主人生前的实力，有车马、兵器、金银珠宝等等，最知名的莫过于那套曾侯乙编钟了。

这套编钟由19个钮钟、45个甬钟，外加一件大镈（bó）钟（环钮，平口，椭圆形，可单独悬挂在钟悬上，又称特钟）组成。这些钟分3层8组挂在钟架上，最上层的3组叫钮钟，斜着悬挂在中下层的5组叫甬钟。全套编钟总重量在2.5吨以上。编钟的架子外形呈直角形，由6个佩剑的青铜武士和几根圆形柱子承托着。整套编钟规模巨大，十分壮观。每只钟都可以发出两个不同的乐音，整套编钟能演奏出现代钢琴上所有黑白键的乐音。因此，它不仅能演奏《春江花月夜》等中国古典乐曲，而且还能演奏贝多芬的《欢乐颂》这样的外国名曲，在国内外乐坛引起了极大的轰动。

编钟上还装饰有人兽花纹，并且刻有错金铭文，用以标明各钟的音调，还记录了许多音乐术语，总计两千八百多字。铭文内容证实了我国的七声十二律早在战国时期就已完备，这显示了中国古代音乐的先进水平。这套编钟现在收藏于湖北省博物馆。

出土的编钟属于国宝，不能随便用来演奏，于是，政府组织专家进行了反复试验，力图仿制出编钟。经过五年多的研究，耗费了大量人力、物力和上百万的资金，终于在1984年7月成功复制出形似声似的"曾侯乙编钟"。在赴海外演出时，它被法国总统希拉克称为"绝对的杰作"和"人类的奇迹"。

雄伟壮观的兵马俑

根据《史记》的记载，秦始皇从十三岁即位时就开始在骊山附近为自己建造气势宏大的陵园。这座陵园由他最信任的丞相李斯主持设计，大将章邯（hán）监工，前后征用了数十万人，修建时间长达三十八年之久。这座陵园一直到秦始皇临死之时还没有竣工，秦二世胡亥继位，接着又修建了一年多才基本完工。李白曾经写过一首诗来描绘这个庞大的陵园工程。诗中说：秦王扫六合，虎视何雄哉……刑徒七十万，起土骊山隈……

秦始皇陵是中国历史上第一个皇帝陵园，规模巨大，陪葬品丰富，为历代皇帝陵园之首。按照秦始皇的设想，他希望死后仍能像生前那样享受荣华富贵，所以，他的陵墓按照秦国都城咸阳的布局来建造。陵园占地56.25平方公里，有内城和外城两层，呈回字形。里面分陵园区和从葬区两部分。它的规模远远超过了埃及金字塔，相当于七八个故宫的大小。《史记》中这样描述："穿三泉，下铜而致椁（guǒ，套在棺材外面的大棺材），宫观百官，奇器异怪徙藏满之。以水银为百川江河大海，机相灌输。上具天文，下具地理，以人鱼膏为烛，度不灭者久之。"意思是说，陵墓一直穿过了三层含水层，用铜加固基座，上面放着棺材，陵园内有百座宫殿，墓室内放满了奇珍异宝。在机械动力的驱动下，川流不息的水银围绕着陵墓，象征江河湖海。墓顶绘有日月及星象，下方绘有山川地理形势，墓里用一种人鱼油膏做成蜡烛，以求长明不灭。毫不夸张地说，秦始皇陵墓就是一个被搬入地下的人间繁华世界的缩影。

1974年3月，秦始皇陵东边的一个村子——西杨村的村民在抗旱打井时，在陵墓以东三里处，无意中挖出了一个陶制的武士头。后来经过国家有关部门组织的发掘，秦始皇陵兵马俑坑，这个埋藏在地下两千多年的宝藏从

气势宏大的秦始皇陵兵马俑

此重见天日，令世人震惊，被称为"世界第八大奇迹"。

目前为止，发掘了3座兵马俑坑，分别是一号坑、二号坑和三号坑。俑坑坐西向东，排列成"品"字形。这几个坑内有陶俑和陶马八千多件，还有四万多件青铜兵器。坑内的武士是依照秦朝的宿卫军仿制的，全部面朝东方。关于这些兵马俑的身份，学术界有好几种观点：一、象征秦朝都城咸阳的卫戍部队；二、象征为秦始皇送葬的军队；三、阴间的部队；四、宿卫军，即皇帝的禁卫军。除此之外，还有其他观点。宿卫军这个观点是有"兵马俑之父"称号的袁仲一先生提出的，现在为大多数兵马俑研究者所认可。

一号坑最大，和真人同样大小的六千多个武士排列成方阵，另外还有和真马同样大小的拖战车的陶马。这支军队被称为"右军"。

二号坑为"左军"，是3个坑中最壮观的军阵。近万名手执弓箭弩戈矛戟（jǐ）的武士，分成步兵、弩兵、车兵、骑兵四个兵种，组成多兵种部队。这个坑分为四个单元。第一单元在俑坑东端，由四周60个立式弩兵和中间的160个蹲跪式弩兵组成，这些弩兵错落有致，呈现轮番射击状。第二个单元在俑坑右侧，由64乘战车组成方阵，每列8乘，共8列。这些战车是木制战车，历经两千多年自然侵蚀，已经被破坏，仅留遗迹。车前有真马大小的4匹陶马拉着车，每一辆车的后面都有3个兵俑一字排开，中间那个拉着马辔（pèi，驾驭牲口用的嚼子和缰绳），另外两个分别站在车的左边和右边，手里握着长柄兵器。第三单元在中部。由19辆战车、264个步兵俑和8个骑士俑组成长方形阵，分为3列。每一辆车后面除了3名赶车的士兵外，还有8到36个步兵俑。第四单元位于左侧，108个骑士俑和180匹陶马排成11列横队，组成长方形骑兵阵。每一匹马前面，都站着一个胡服骑士俑，他右手牵马，左手拉弓。

三号坑整体呈凹字形，由南北厢房和车马房组成。从三号坑的布局推测，它应该是一号坑和二号坑的指挥部。三号坑是三个坑中唯一一个免遭大火焚烧的，所以68个陶俑身上的彩绘颜色残存较多，看上去比较鲜艳。

兵马俑的出土为历史学家们提供了丰富而珍贵的资料，对于研究古代的军事制度、军士服饰、军事装备等问题有很大帮助。兵马俑本身也是非常有价值的艺术品，人们从中可以窥见秦朝的雕塑艺术水准。这千百个兵俑，形神兼备，各具特性，显得逼真而生动，有军士俑、立射俑、跪射俑、武士俑、军吏俑、骑兵俑、驭手俑、高级军吏俑等等。有的头挽发髻，身穿战袍，足蹬短靴，手里拿着弓箭；有的头戴软帽，盔甲加身，穿着方口鞋；有的身穿胡服，头戴软帽，骑马挽弓；有的两臂前伸，双手握马辔；有的身穿彩色鱼鳞甲，双手扶剑，气度不凡，一望便知是领军打仗的将军。他们的装束不同，神态也各异。有的嘴唇努起，仿佛怒气冲冲；有的眼睛圆睁，眉头间拧起一个疙瘩，十分神勇；有的侧目凝神，神态机警；有的浓眉大眼，阔口厚唇，一看就性格憨厚；有的眉清目秀，微微低头，性格文雅；有的低头沉思，旁若无人。虽然是整齐的静态军阵，军士却显露出不同的神情和姿态，整个军队栩栩如生，仿佛马上就要开始一场激烈的厮杀。

铜马车的艺术水准丝毫不亚于兵俑，复杂的工艺，精巧的制作，令人叹为观止。二号坑有一种带蓬盖的豪华车，这个大蓬盖将整辆车包括车前边的驾驶室都遮盖了起

表情生动的铠甲武士俑

· 10 ·

来，形成半封闭式的车舆，以便车主向驾车的人传达命令。还有一种小轿车类型的马车，不仅可以坐乘，还可以躺卧，车内还放有精美的软垫。车上有三千多个铸件，无论是大的蓬盖、伞盖、铜马，还是小的缨络，形状不一，薄厚不一，全部是一次性铸造成型，这样的铸造工艺，即使在科技发达的今天，也是难以达到的，出现在两千二百年前的秦代，令人叹为观止。

在兵马俑身边的尘土里，还发现了四万多件青铜兵器，有弓、弩、箭、矛、戈、剑、弯刀等，其中长铍（pī）、金钩等在兵器考古史上属于首次发现。这些兵器经过防锈工艺处理，埋在地下两千多年，至今仍然不锈，锋利如新。这些种类齐全、数量巨大的青铜兵器为秦朝兵器的研究提供了极其丰富的资料，兵器铸造工艺、兵器防腐处理技术都填补了古代兵器史研究的空白。

这些精美绝伦的兵马俑是谁设计制作的？它们的设计者是宰相李斯等朝廷大臣，制作者是一大批优秀工匠。在兵马俑的制作过程中，统治者为了便于检查陶俑的数量和质量，在完成的作品上都要求刻上工匠的名字，这个检查制度无意中使这些高手　　匠人的名字和这些传世杰作紧紧联系在了一起。

古代的足球运动——蹴鞠

《水浒传》中有个因为踢球发迹的太尉高俅,很多人因此而认识了一种古代流行的体育运动,蹴鞠(cù jū)。这两个字看起来非常费解,实际上翻译成白话,就是踢足球。如今足球运动已经风靡全球,一场精彩的赛事能让万人空巷,众多球迷彻夜不眠。现代足球运动起源于19世纪的英国,而我国古代的足球运动要早得多。

在班固所著的《汉书·艺文志》中记载,"蹴鞠者,传言黄帝所作"。如果这个传言是真的,那么在四千多年前的上古时代,足球这项运动就已经产生了。

历史上还有另外一种关于足球运动起源的说法。

公元前307年,也就是战国时期,赵武灵王进行改革,推行"胡服骑射",让赵国人学会了穿短打衣服,骑马射箭。赵王经常带身边亲信骑马出城闲逛打猎,心里十分得意。有一日,他们来到一个树林里,碰到几只野兔,皇帝下令抓活的,于是他们四面包围,围追堵截,野兔在惊吓之中横冲直撞,从马群的缝隙中纷纷逃了出去,他们一无所获。正当众人失望叹息的时候,一个谋士突然眼前一亮,向赵王建议说,大王,这种围堵的活动很有趣,我们可以试试用球来代替兔子,这样在宫内就可以天天玩了。赵王闻言大加赞赏:好主意!这件事你就全权负责吧。于是,足球运动就在中国诞生了。

最早的足球是用草或者毛做成的,叫做"踟"(chí),但是这种足球踢起来很笨重,后来人们进行了改进,用煮熟的皮革当皮,里面塞上毛,称"鞠"。

"蹴鞠"这个词,最早载于《史记·苏秦列传》。苏秦在游说齐宣王的时候这样描绘临淄:"临淄甚富而实,其民无不吹竽、鼓瑟、踢(tà)鞠者。""踢"就是"蹴",即踢的意思。这句话的意思是,临淄生活富裕而充实,老百姓没有不吹竽、鼓瑟、踢球的。这证明,当时踢球已经是临淄居民丰富多彩的文化活动之一了。

秦朝统一六国之后,蹴鞠运动不怎么流行了,西汉建立以后,这项运动又开始兴盛。东晋的《西京杂记》中记载,刘邦从一个乡里的亭长奋斗成为皇帝之后,把父亲刘太公接到长安的未央宫里养老,绫罗绸缎,金银珠宝,山珍海味,音乐歌舞,应有尽有,老爷子却并不满意,终日闷闷不乐。刘邦再三询问,才弄明白怎么回事。原来,刘太公在社会底层生活了大半辈子,成天和贩夫走卒打交道,劳作之余的娱乐活动主要就是斗鸡、蹴鞠之类,搬到宫里,生活习惯全被打乱了,玩伴也没了,球也踢不成了,十分憋闷。刘邦马上下旨在长安城东边一百里的地方,仿照他的老家沛郡丰邑,建了一座新城,把原来丰邑的居民也迁移到那里,让刘太公搬了过去,又开始"斗鸡、蹴鞠为欢",老爷子这才心满意足。从这个故事中可以看出,在西汉时期,足球是社会下层人民喜爱的娱乐活动,是人生的一大乐趣。

足球的魅力甚至影响到贵族阶级,得到上层统治者的喜爱。桓宽的《盐铁论》说,西汉社会承平日久,一般人家"康庄驰逐,穷巷蹴鞠","贵人之家,蹴鞠斗鸡"为乐,汉武帝就很喜欢观看蹴鞠运动。根据《汉书》记载,他常常在宫里举行以斗鸡、

唐代的《游骑图》(局部)。表现唐代贵族子弟骑马去打球游玩的情形

蹴鞠为内容的"鸡鞠之会"。上有所好，下必仿之。在他的影响下，社会上形成了一种蹴鞠的风气，不少王公贵族自建蹴鞠场所，招纳蹴鞠高手，积极开展这项运动。他的宠臣董贤就投其所好，专门养了善于踢球的"鞠客"，类似于今天的球星。

汉代的蹴鞠活动有了比较完备的规则。比如专门设置东西方向的长方形球场；两端各设六个对称的"鞠域"，即用砖石砌成拱形的门，各由一个人把守；地上挖个圆形孔洞，叫"鞠室"，踢进鞠室就可以得分。场地四周设有围墙，参加比赛的人分成两队，以踢进对方鞠室的次数来决定胜负。裁判要公正无私，不偏不倚；球员要心平气和，遵守规则。

军队中蹴鞠活动十分流行，是一种锻炼士兵体质和战斗意志的手段，从军官到士兵，都会踢球，只要没有战事，就会开展蹴鞠活动。当时在宫苑中设有鞠城，这里就是羽林军举行蹴鞠比赛的场所。即使在行军打仗的过程中，蹴鞠也是军中的体育运动项目。《汉书·霍去病传》记载了汉军在塞外行军宿营时，霍去病带头画球场领着大家踢球的事情。

由于蹴鞠运动的兴盛，相关的理论著作也开始出现，汉代曾有人写了一部《蹴鞠二十五篇》，这是我国最早的一部体育理论专著，同时也是世界上最早的一部体育理论专著。班固在写《汉书》时，就把这部著作列为军事训练的兵书。可惜的是，这部书

明代杜堇所绘的《仕女图》（局部）。描绘了唐代仕女蹴鞠的场面

现在已经失传了。

根据《史记·扁鹊仓公列传》的记载，西汉时一个叫项处的人非常痴迷足球，他患了重病，名医淳于意诊断他得了牡疝病，于是叮嘱他千万不要过度劳累，否则就会吐血而死。但他抵制不了蹴鞠的诱惑，不听劝告，仍然外出踢球，结果出了很多汗，呕血身亡，成为世界上第一个有史可查的狂热球迷。这事记载在淳于意的诊籍中，应该是相当可靠的资料。

明代黄慎所绘的《蹴鞠图》。描绘了宋太祖与宋太宗、赵普以及大臣、内侍等蹴鞠的场面

唐代的蹴鞠运动有了进一步的发展，足球制作技术有所改进，一是把两片皮合成的球壳改成八片皮缝制成的球壳，这样球的形状就更圆了，踢起来也更为灵活；二是把球壳内的毛发换成动物尿泡，用嘴吹气使它变圆，这样球就变轻了，可以踢得更高。因此，唐代在场地中间设了两根三丈高的竹竿，作为球门，两队隔着球门比赛，以射门数多者胜。因为球变轻了，又去掉了激烈的奔跑和争夺，唐代就出现了女子足球。女子足球的特点是不用球门，以踢出花样为能事。唐代的皇帝和汉代的皇帝一样，也喜欢蹴鞠运动，唐文宗就经常爬到勤政楼上，居高临下地看人家蹴鞠和摔跤。在他之后的唐僖宗，更是亲自蹴鞠斗鸡，玩得不亦乐乎。而末代皇帝唐昭宗，因为总是蹴鞠，结交了一批市井少年，这些人对他忠心耿耿，即使在他落难时也不离不弃。

到了宋代，蹴鞠更是盛行，开国皇帝宋太祖赵匡胤和其后的宋太宗赵匡义都酷爱踢球。在一幅《蹴鞠图》中，就有他们俩和赵普、石守信等六人踢球的情形，场面描绘得十分生动。宋徽宗赵佶也是一个蹴鞠爱好者，高俅因为球艺高超，受到他的宠爱，后来居然成了宰相，在《水浒传》中给人留下了十分深刻的印象。

宫廷音乐家李延年

　　李延年是中国汉代的宫廷音乐家，绝对是值得在中国音乐史上大书一笔的人物，他的一生经历颇富传奇色彩。

　　他是汉武帝时中山（今河北省定州市）人，出身倡家，父母兄弟姐妹都通晓音乐，是以乐舞为职业的艺人。李延年在这样的家庭中成长起来，从小受到音乐熏陶，不仅善于唱歌，而且也擅长进行音乐创作。令人惋惜的是，"延年坐法腐刑，给事狗监中"，他犯了法，不得不受了腐刑，然后去了朝廷的养狗场供职。一个音乐高手去做这样一份低贱的工作，内心一定充满着耻辱，但是李延年没有放弃在音乐上的努力。

　　他创作的音乐逐渐在坊间传开，在京城的影响也日益扩大，《史记》记载："每为新声变曲，闻者莫不感动。"终于有一天，他的音乐被汉武帝的妹妹平阳公主听到了，公主一下子就被这美妙的音乐吸引了，她马上打听这天籁之音的作者是谁。李延年的命运从此得以转折，他不仅得到了平阳公主的赏识，而且得到了为皇帝演出的机会。

　　李延年为皇帝演唱了那首很多人都非常熟悉的《佳人曲》，曲子里唱道："北方有佳人，绝世而独立，一顾倾人城，再顾倾人国。宁不知倾城与倾国，佳人难再得！"汉武帝听完以后叹息说："歌声真美妙，世上果真有这样一个绝色佳人吗？"平阳公主在旁边说："延年有女弟（即妹妹）。"汉武帝听了连忙召见，果然见她容貌美丽，能歌善舞，于是龙颜大悦。李延年的妹妹因此而得到汉武帝宠幸，被立为夫人，这在当时是仅次于皇后的位置。李延年也被封为协律都尉，负责乐府的管理工作，每年的俸禄是两千石。这个收入水平很高，当时诸侯的俸禄也就是两千石左右。

　　乐府在汉代是一个很受重视的机构，主要职责包括收集民歌，改编歌

词，谱写乐曲，演出等。秦代最理音乐的机构，汉武帝对这个机构扩建，乐府里面来自全国各地的蹈家，是一个庞广泛采集各地的原来的基础上进改编创作。《陌东南飞》等著名人不知。李延年编排歌舞，组织先设立了这个管到了西汉时期，构进行了大规模聚集了一千多个优秀音乐家、舞大的部门。乐府民间音乐，并在行加工提高或者上桑》、《孔雀的乐府诗几乎无在音乐方面有很高造诣，不仅熟悉音律，而且能歌善舞，写词谱曲样样都行，正是管理乐府的最合适不过的人选。

唐代苏思勖墓中的壁画《乐舞图》。此图为《胡腾舞图》的局部，前排三人分别持竖笛、七弦琴和箜篌，后排两人一吹排箫，一为乐队指挥

李延年在这个职位上尽职尽六年（公元前111年）前后，他所写的郊祀歌词作曲，写出了出入》，词藻优美抒情，曲调动责，取得了十分显著的成绩。元鼎为当时的著名文人司马相如等《郊祀歌》十九首，其中的《日人。李延年既能深刻领会汉武帝对音乐的要求，也能深入理解这些难懂的"尔雅之文"，写出的曲子荡气回肠，令人印象深刻。《郊祀歌》是用于郊外祭祀典礼的音乐，它们使汉代的宫廷音乐呈现出与旧时奴隶主的宫廷雅乐迥然不同的面貌。古代雅乐带有比较浓厚的宗教色彩，但是汉代的宫廷音乐由于吸收了民间音乐的元素，显得较为生动活泼，表现手段也比较丰富多样。

张骞出使西域带回来具有异族情调的《摩柯兜勒》套曲，李延年对这些"胡乐曲"进行细细品味，反复研究，将它们改编为"新声二十八解"，用来当做仪仗队的军乐。这些军乐用于朝会，所用乐器主要是打击乐器和吹奏乐器，气势雄浑，节奏鲜明，有一种震撼人心的效果，很好地表现了汉武帝时期的繁荣昌盛和军功赫赫。这些乐曲流传很久，直到数百年后的晋代，还能演奏其中的《黄鹄》、《陇头》、《出关》、《入关》等十首。这种将西域音乐改编为新曲的创举，不仅表现了当时先进的音乐水

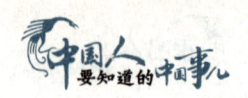

平，也促进了民族音乐文化的交流。搜集来的大量民间工整理，重新编配唱，对民间音乐的促进作用。李延年和辛勤劳动，为汉以至后代音乐的发献。

李延年对乐府歌曲进行积极的加曲调，使之广为传发展起到了很大的用自己的卓越才能代音乐风格的形成展，做出了很大贡

李氏家族逐渐兴盛起来。李延年在汉代乐坛的地位已经无人可以动摇，李夫人生下昌邑王刘髆（bó）之后，地位也更加稳固。可惜好景不长，李夫人早死，虽然汉武帝用皇后的礼仪安葬了她，但是李家从此渐渐失宠。李延年的弟弟李季仗着皇帝宠幸，日渐骄横，奸乱后宫，汉武帝大怒，下诏诛杀李延年和李季两家宗族。李延年被收监下狱。

李延年的长兄——贰师将军李广利当时正在攻打大苑国，侥幸没有被李季牵连，但是他第一次出征因为后方粮草问题没有处理好，无功而返，汉武帝命令他不得入玉门关。第二年，李广利重整军队，又向大苑进发。太初四年（公元前101年），李广利得胜归来后被汉武帝封为海西侯。征和三年（公元前90年），李广利出征匈奴，出发前与丞相刘屈氂（máo）密谋推立刘髆为太子，不幸事情泄露，刘屈氂被杀，李广利家族被灭，李广利投降匈奴，后来也被杀。这次，李延年也没有幸免于难。一个卓越的音乐家，就这样消失在历史长河里。

汉武帝刘彻像

帛书和帛画

现代人写字画画基本都用纸，但是在纸张发明之前，人们写字画画只能找其他材料，比如甲骨、木头、石头、竹简等等。这些材料都各有缺点，甲骨材料来源有限，木头易朽，石头太过坚硬，竹简很沉重，据说汉朝时候的文学家东方朔写了一长篇文章呈给汉武帝看，竟然用了3000块竹简，十分沉重，由两个人很吃力地抬进宫里。人们后来开始寻找其他材料。我国是世界上养蚕最早的国家，古代的劳动人民很早就掌握了养蚕织布的技术，在商朝和西周时期，养蚕业十分发达。用蚕丝织成的布料为白色，质地轻薄、柔软，十分美观，手感又好。人们把这种丝织品称为帛，用帛做成的衣服就叫帛衣。后来人们发现，帛的这种柔软轻薄的特性很适合用来书写和画画。大概在春秋战国时期，在竹木简流行的同时，人们开始用帛进行书写和绘画。但是因为帛比竹木简要昂贵很多，因此只有达官贵人才有能力用帛来书写和绘画，普通百姓用不起，因此帛书和帛画只局限在小范围内，未能广泛流行。

汉代总称丝织品为帛或者缯（zēng），或者合称缯帛，所以帛书也叫缯书。根据文章篇幅的长短，帛书采取不同的保存方法。文章篇幅短的，可以剪裁下来，折叠起来存

长沙战国楚墓中出土的《人物龙凤图》

放；文章篇幅长的，可以数篇合成一卷，卷成一束。这就是古代书籍用卷来计算数量的来历。人们常说的"读书破万卷"就是来源于此。

现存的帛书实物以长沙子弹库楚墓中出土的帛书为最早。这份帛书上书有楚国文字九百余字，形状诡异难懂，并且附有十二个神像，每个神像周围有神名标注，帛书的四周有植物枝叶图像，用线条勾勒出轮廓，然后涂有青、红、白、黑等颜色。一般认为这是战国时期和术数有关的书，内容丰富庞杂，不仅记录了楚地流传的神话和风俗，天象与人间灾祸的关系，而且还包含了阴阳五行的思想，它出土于1942年，但是不幸被盗，现在存放在美国大都会博物馆。

长沙战国楚墓中出土的《人物驭龙图》

此外，还有长沙马王堆三号汉墓中出土的帛书。这个墓中出土的帛书共有二十八种，共计十二万余字，都破损严重。帛书的内容包括六艺类的《周易》、《春秋事语》、《战国纵横家书》等，诸子类的包括《老子》甲本、《皇帝书》、《老子》乙本等，术数类的有《篆书阴阳五行》、《五星占》、《相马经》等，此外还有兵书类、方术类以及地图等。其中《五星占》是中国现存最早的天文书，《五十二病方》是中国已经发现的最古老的医书，《驻军图》除了绘有山脉河流之外，还根据军事用途着重标注了军队驻防、防区界线等情况，是我国至今已经发现的最早的古代地图。

帛书的内容很丰富，涉及战国至西汉初期的政治、军事、文化等各个方面，有重要的历史研究价值，同时也是古代典籍的可靠范本，可以和今天流行的版本相对照，进行勘误。比如《老子》的甲本和乙本中，德经在前，道经在后，这和今本的次序正好相反。同时，帛书的出土也为今人研究古代文字以及书法的发展演化提供了珍贵的资料。我们今天看到的汉人书法一般都是石刻书法，现在看到这些帛书上留存的古人墨宝，让我们清楚地认识了"古隶"的本来面目。

古代的帛画一般由经验丰富的画工来完成，他们先用流畅的线条勾画出人物、花鸟、走兽以及神灵等形象，然后再加上色彩，装饰效果很突出。

现在传世的帛画年代最早的几幅均出土于湖南长沙的战国墓中，表现内容和主题都是引魂升天。第一幅是《人物龙凤图》。1949年出土于长沙陈家大山战国楚墓，上面绘有一个身穿宽袖长袍、侧身而立的妇女，她身材纤细，双手前伸，合掌施礼，姿态优美。她的头部上方有一只凤凰，作展翅腾飞状；另外还有一只夔（kuí，古代传说中的龙形异兽）张着双足，作向上升腾状。整个画面内容意为龙凤引导墓主灵魂升天。第二幅是《人物御龙图》。这幅帛画1973年出土于长沙子弹库战国楚墓，上面有一男子侧身向左方，高冠长袍，佩戴宝剑，手中牵着缰绳，气宇轩昂。他乘风驾驭长龙腾空而行，龙上有华盖，龙下有游鱼，龙尾站立着一只仙鹤。这幅画线条流畅飘逸，人物造型准确，富有运动感，仿佛男子要乘龙飞翔。它的主题也是引魂升天。

长沙马王堆三号墓出土的《升天图》

帛画发展到汉代的时候，内容增多了，构图也更加复杂。1972年，长沙马王堆三号墓出土了五幅美妙绝伦的帛画，被称为"震惊中外的彩绘帛画"。其中一幅"T"形帛画《升天图》就充分体现了这些变化。这幅帛画上宽下窄，顶端横裹着一根竹竿，用丝带系起来，可以张举，中下部的四角缀有飘带。这幅画的内容分为三部分，分别描绘了天上、人间、地下的景色。画的最下方绘有两条缠绕在一起的鳌（áo，传说中海里的大龟或大鳖），它们的背上蹲着一个赤身裸体的大力士，他双手托起象征大地的神蛇，鳌的两旁各站着一头猫头鹰，它们双眼圆睁，守卫着死者的灵魂。这是汉朝人想象中的阴间世界。人间部分的最显著位置，画着一个老妇人，身穿锦衣，头戴珠宝，拿着拐杖，前面有两个男仆捧着食案跪迎，后面跟着三个侍女。在妇人画像下的两侧，摆放着饮食器具，两边对面坐着六个人，另外还有一人伫立在一侧。这一部分内容表现的是主人在人间享受到的锦衣玉食的富贵生活。天上部分则是墓主追求的灵魂归宿。天门两边有两个守门人躬腰拱手，作迎接状，象征天门已经打开，等候墓主升入天国。天国顶端正中，绘制有传说中的女娲，旁边有五只象征长寿的仙鹤，下面是两只鸿雁，还有扶桑树上的九个太阳，另外还有翼龙、神豹等，布局匀称，呈现出神秘的天国气氛。整个画面结构对称，色彩绚丽，描绘生动，而且环环相扣，从地下到天国，过渡自然，设计巧妙，体现了汉代帛画的高超水平。

帛画由于是画在丝织品上的，丝织品容易朽烂，不易保存，出土的帛画很多都已经残破不堪，仅有的几件完整作品都是中国绘画史上非常珍贵的真迹，它用这种穿越时空的方式，向我们展示了古代人们的生活场景和思想文化。

东汉蔡伦发明纸张以后，人们逐渐开始采用这种物美价廉的书写绘画材料，帛书和帛画就渐渐退出了历史舞台。

汉代的角抵百戏

角抵是中国古代的一种竞技类活动，它的起源可以一直追溯到上古时代的狩猎与战斗。根据古代典籍的记载，上古时候黄帝与蚩（chī）尤之间进行战争，黄帝发动了很多大型猛兽如黑熊、老虎、貔貅（pī xiū，传说中的一种凶猛的瑞兽）等助战，蚩尤族面对这种情况，也拿出了自己的看家本领，他们"耳鬓如剑戟，头有角。与轩辕斗，以角抵人"，即耳鬓像剑戟一样，头上长角，在和黄帝打仗时，就用头上的角当做武器抵人，对方常常猝不及防，很难防御。这种"以角抵人"，就是一种简单的力量相博。

秦始皇统一中国后，担心民众起来造反，就严禁民间私藏兵器，于是民间就渐渐开始流行一种徒手相博的竞技活动，后来宫廷中也开始进行这种玩乐项目。

到了汉代，这种角抵活动得到进一步的发展和普及，冀州一带经常有这种活动，"其民三三两两，头戴兽角相抵，名唤蚩尤戏"。角抵时要戴上兽角，进行装扮化妆，而且将其称为"蚩尤戏"，这说明角抵在当时已经成为一种娱乐活动，并且带有表演性质。《汉书·武帝本纪》中也有关于角抵的记载，当时的角抵戏规模很大，演出的时候十分轰动，老百姓甚至愿意跑几

黄帝像

百里路去观看欣赏。20世纪70年代,山东临沂金雀山汉墓中出土了汉代帛画,画面上表现了角抵的情景。两个角抵者张开两臂,怒目而视,作势欲扑,另外还有一个人肃立一旁,应该是角抵活动的裁判。

西汉时宫廷中著名的角抵戏有《东海黄公》,讲的是东海人黄公打败老虎的故事。东海人黄公年轻时候会法术,经常头上束着红绸巾,身上戴着赤金刀,作起法来,云雾升腾,能降龙伏虎,本领很大。他年轻时威风凛凛,出尽风头。年老时,因为饮酒过度,身体衰弱,不再如年轻时那么有力气,法术也失灵了。秦朝末年,东海出现了白虎,黄公自负地拿着赤金刀去降服它,可是法术失去了作用,他反而被白虎咬死了。东汉著名文学家张衡的《西京赋》中还对这段故事进行了描述:东海黄公,赤刀粤祝,冀厌白虎,卒不能救。

角抵的主要内容是双方力量的较量,百戏则侧重于各种技巧的展示。百戏源于角抵戏,是对种类繁多的技艺表演的总称,主要包含杂耍、乐舞、幻术、驯兽等四大类,每一大类下又分很多项目。《西京赋》里详细描绘了汉武帝在上林苑观看百戏表演的情景。

因为百戏的技巧性很强,一般人无法掌握,因此那些能表演百戏的奇人就令常人惊叹不已。据说楚庄王的军队包围了宋国的都城,得到奇人熊宜僚。这个人善于弄丸,他在军中表演了精彩的丸技,手中一个弹丸,空中飞舞着八个。宋军士兵纷纷跑过去看稀奇,结果就被楚军趁机打败了。不过"山外有山,楼外有楼",居然还有人比这个熊氏技艺更高。陕西绥德县出土的画像石描绘了一个弄丸人,他双手各持一个弹丸,空中还飞舞着十个弹丸,比弄丸高手熊氏还多出三丸!

乐舞起源于原始时期的祭祀祝祷活动,分为健舞、软舞、优舞、技巧等几大类。健舞中著名的健鼓舞始于商代,击鼓而舞,舞蹈动作强健有力,可惜如今已经失传。软舞一般是指长袖折腰舞,特点是挥舞长袖和强调腰部动作,一般由体态轻盈的女子表演。汉代傅毅的《舞赋》中说,"体如游龙,袖如素霓",就是对长袖折腰舞的生动写照。唐代著名的宫廷舞《霓裳羽衣舞》就是在这种舞的基础上发展起来的。优舞是优人表演的舞蹈,这些优人多为侏儒,表演起来有一种滑稽之感,优舞的目的在于讽刺现实,取悦主人。技巧舞里面以盘鼓舞最为有名。舞蹈者穿着长袖舞衣,在多个盘鼓上来

西汉时期的壁画《上林苑驯兽图》。表现汉代宫廷中驯兽师驯服野兽的情形

回游走踢踏，发出有节奏的声音，因为这个舞蹈需要用盘和鼓来作为舞蹈道具，而且多用七盘，因此又称为"七盘舞"。

此外，还有走索（走钢丝）、吐火、吞刀、冲狭（钻刀圈）、胸突钻锋（以胸腹抵刀悬空而卧）、倒立、马术等，内容十分丰富，令人眼花缭乱。

汉代百戏汇集了多种民间艺术表演形式，兼容并蓄，包罗万象。这些表演形式之间互相影响，互相吸收，不断发展完善，促进了新的艺术形式的产生。百戏广泛流行在宫廷贵族和市井百姓中，受到各个阶层的喜爱。汉宣帝将解忧公主嫁给乌孙王时，曾命令举行大型百戏表演，自己亲临现场观看，以欢送公主远嫁，可见百戏的流行程度。百戏在民间更是一种重要的娱乐方式，一些人家来客人时，就请人表演百戏给客人看。

百戏在我国的艺术史上占有重要地位，它对后世的舞蹈、杂技、戏曲等表演艺术形式的发展，有着无可置疑的影响。

汉代画像石

汉代是我国历史上一个重要的朝代，它的政治、经济、文化和艺术都取得了骄人的成就，在历史长河里闪耀着熠熠（yì，形容闪光发亮）光辉。汉代绘画是汉代艺术的一个重要组成部分，绘画的载体多种多样，有丝绸、陶器、木头、石块等。刻有画像的石头，被考古人士称为画像石。

画像石多见于墓室和祠堂，雕刻手法有阴线刻、浅浮雕和凹雕等，构图简练，线条明快，形象鲜明。根据出土情况判断，汉代画像石主要分布在四川、河南、山东、陕西、江苏、安徽等地，内容丰富，有战争、神怪、建筑、天象、舞蹈、杂技等，还有反映生产劳动和贵族生活的。著名画家吴冠中称汉墓、汉兵马俑和汉画像石为"汉代三绝"，也有历史学家称汉画像石为"无字的汉书"。这主要是因为画像石广泛表现了当时汉代方方面面的社会生活，真实地记载了当时的历史。

表现生产劳动场面的汉代画像石有《牛耕图》、《纺织图》、《冶铁图》等，滕州龙阳镇黄家岭出土的《牛耕图》就表现了古代劳动人民耕田的场面。画的中部绘有一人扶犁，驱使一牛一马在耕田，后面一人正在耙田碎土；画面左边还有人挑着食物前来，另有三人正挥舞着锄头耕田锄

东汉时期的青釉波纹双耳瓶

草,后面还有一人在播种。整幅画面表现了耕田、锄草、播种的劳动过程,反映了汉代的农业生产水平。《纺织图》中,左右各有一架织布机,中间放着络车和纬车,表现了摇纬、络线、织布的劳动场面,画面写实,栩栩如生。《冶铁图》则表现了制造兵器和工具的情景,图中有多人分工合作,有人在操作鼓风设备,有人举起铁锤锻打兵器,还有人拿着兵器在测试是否锋利,表现出热火朝天的劳动场面。

从汉代画像石中我们还可以了解汉代的建筑风格。宫殿、楼阁、寺庙、桥梁、亭台等等画像石上各式各样的建筑图像给我们提供了丰富而真实的建筑历史资料。我国古代的建筑样式在汉代已经趋于成熟,因此,汉代建筑风格对后世的建筑影响深远。西汉初年的未央宫修建得十分雄伟豪华,汉高祖刘邦因此而动怒,他的谋士萧何却说,"天子以四海为家,非令(宫室)壮丽,无以重威。"意思是,天子占有四海之地,不把宫殿建造得壮丽一些,无法体现天子的威严。因此,规模宏大的宫殿建筑在汉代建筑中占据了重要的一席之地。出土的汉代画像石不仅展现了这些宫殿建筑的雄伟气势,同时还表现了普通建筑的风貌。

历史故事也是汉代画像石的重要内容之一,《孔子见老子》就是一块著名的画像石,画面中,孔子和老子头戴高冠,身穿长袍,恭敬地相对而立。左边是老子,手拄拐杖,右边是孔子,他手捧一只大雁,要送给老子作为见面礼(我国古代士大夫初次见面时馈赠雁作为礼物)。他们身后是孔子的七十二门徒,或者正在施礼,或者正在高谈阔论,场面十分热烈。

由于劳动生产力的局限,古人面对无法解释和认识的事物,都给它们加上了超自然的色彩,汉代画像石中的大量神怪传说,就表现了古人的各种迷信思想。古人常常梦想死后能升天成仙,有一幅墓室中的画就表现了飞仙的内容。那时的人认为,要想飞起来,就要依靠仙兽的力量,两只鹿拉着云车,车下是云气,车厢里有两个人,前面是驾车的人,后面是想要飞仙的墓室主人。车后还有鹿跟随护送,画面上还点缀着朵朵云彩,营造出强烈的飞升感。在这些题材的画像石中,伏羲、女娲、雷神、风伯、雨师、后羿等神灵,都是很常见的人物。青龙、白虎、朱雀、玄武这四个灵兽,被汉代人看做天上的神灵,称为"四灵",又称"四神"或"四像",据说他们分居天

汉墓中的壁画《君车出行图》。描绘了墓主人出行的车队，整齐威严，声势浩大

上的东西南北四个方向，起到定位的作用，因此，也常常在画像石中出现。

贵族车马出行也是画像石的表现内容之一。汉代的王公贵族出行时，人马喧闹，浩浩荡荡，气势宏大。这些车马出行图的流行有好几个原因。一是死亡的官僚希望自己到地下世界以后，能够继续享受人间的荣华富贵；二是那些生前并未享受到宝马豪车待遇的富裕人家渴望死后实现这个愿望；三是一些墓主受到迷信思想影响，借助这样的出行图来表达强烈的升天渴望。

滕州曾经出土过胡汉战争的画像石。自西汉建立开始，汉朝和匈奴的战争就接连不断，汉高祖采用和亲政策以后，在汉朝初期的七十余年间，汉朝与匈奴保持着姻亲关系。汉武帝以后，改变了外交政策，态度由笼络变成强硬，用军事打击来消除威胁，"犯强汉者，虽远必诛"，矛头首先对准了北方的匈奴。此后，汉朝与匈奴开始了漫长的战争期。这段历史自然在画像石中有所反映。滕州出土了六幅反映胡汉战争的画像石，其中一幅画中，双方的骑兵和步兵手执刀、长矛、弯弓进行厮杀，左边有一个蒙古包，右边有一辆车，车前有一个骑兵举着斧子，作势欲杀。画面中有人跪地，有人倒地死去，有人用套杆套住一个匈奴骑兵，场面紧张生动，甚为惨烈。

汉代的音乐、舞蹈等艺术形式得到了充分的发展，取得了辉煌的成就。

我们可以从画像石上欣赏到飞扬的建鼓（古代一种棰击乐器），动人的歌舞，惊险的杂技，神奇的幻术等等。滕州汉画馆收藏了十幅抛球图，其中的龙阳店画像石画面最精彩，中间有高大的建鼓，旁边有一人正在表演抛球，他边跳边抛，手嘴并用，同时抛掷11个飞球，高超的技艺令人惊叹。还有一幅题为"单手倒立"的画像石，表现了杂技场面，画中有个挽着双髻的女子，她穿着喇叭形的长裤，体态轻盈优美，正在表演单手倒立，另一只手还托着一件物品。

汉代画像石采用几何形线块，大刀阔斧，不雕不琢，很有气势，装饰味道很浓。刀法方圆兼济，有时遒劲有力，锋芒毕露，有时圆润流畅，行云流水，有时充满了阳刚之气，有时又表现了阴柔之美。汉代工匠们采用恰当的表现手法，生动地表现了图像的个性特点，官僚的高傲矜持，仆从的谦卑顺从，杂技演员的灵活敏捷，战士的英勇顽强等，都被刻画得栩栩如生，具有一种朴拙而流畅的美。

女书法家卫铄

"书圣"王羲之七岁的时候曾经被父亲送到一个女书法家那里学过书法，在这个女书法家的指导下，他很快入了门，进步很大，最后取得惊人成就，成了一代"书圣"。他的这个启蒙老师就是女书法家卫铄。

卫铄，东晋著名的书法家，字茂漪，河南安邑（今山西省夏县）人。她是汝阴太守李矩的妻子，通常被人们称为卫夫人。她出身于一个书法世家，她的曾祖父卫觊（jì）、祖父卫瓘（guàn）、叔父卫恒都是大书法家，她从小就受到家庭熏陶，十分爱好书法艺术，并且拜大书法家钟繇（yóu）为师，勤学苦练，最后自成风格，成为著名的女书法家。

卫铄练字十分勤奋，据说，有一年夏天，卫铄练字不辍，把周围山上的石头、树皮和其他能写字的地方几乎都写满了字。一天突然下了大雨，把石头上、树皮上的墨汁都冲刷了下来，雨水和墨汁混合在一起，变成了黑水，这就是人们传说中的"山上下过墨汁雨"的故事的由来。

卫铄擅长写隶书和楷书。她的老师钟繇在中国书法史上被尊为楷书之祖，卫铄得到钟繇的真传，楷书写得相当好，有《名姬帖》、《卫氏和南帖》等传世。她的楷书代表作是《名姬帖》，笔法古朴肃穆，意态自然，并且吸收了篆字的一些特点，是楷书中的上品。钟繇曾经称赞过她的字："碎玉壶之冰，烂瑶台之清风。"意思是说，

钟繇像

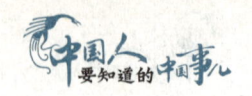

卫铄的书法像玉壶里的碎冰一样，干净清爽，像瑶台的月光一样，光华夺目，既婉约如芳树一般，又齐整如清风一样。这揭示了卫夫人的书法特点是清婉灵动，流畅瘦洁。唐代书法家韦续则说："卫夫人书，如插花舞女，低昂芙蓉；又如美女登台，仙娥弄影；又若红莲映水，碧沼浮霞。"他连用了三组美女和花的形象来比喻卫夫人的书法，可知卫夫人的书法充满了女性的柔媚之感。韦续在自己的著作里把卫夫人归入著名书法家之列，分在第一等第三级，仅在上品之下。唐代书法理论家张怀瓘甚至把卫夫人的书法归入妙品，仅仅在最高等级的数人之下。这都充分证明了卫夫人在书法上的成就和在当时书坛上的地位。

卫夫人不仅在书法上取得了骄人成就，而且在书法理论上也有重大建树。她撰有《笔阵图》，全面论述了有关书法理论，并且提出了自己的主张，此书为《宋史·艺文志》所收录。在书中，她提出要向古人学习，在学习和创作时，要注意笔墨纸砚的品种和产地，"工欲善其事，必先利其器"。她还提出，书写不同字体时，要用不同的方法，她认为用笔有六种方法，比如篆书是"飘扬洒落"，章草为"凶险可畏"，飞白书（也称为草篆，是一种书写方法特殊的字体，笔道中的黑色隐隐露白，为蔡邕首创）为"耿介特立"等等。在这本书中，她还提出了一个重要见解：多力丰筋说。她认为，"善笔力者多骨，不善笔力者多肉。多骨微肉者，谓之筋书；多肉微骨者，谓之墨猪。多力丰筋者圣，无力无筋者病"，多力丰筋即力量刚强，筋骨丰满的字是好字，无力无筋的字是病字，卫夫人的筋骨论对后世书法家有很大影响。唐代的颜真卿和柳公权的字就被人称为

卫夫人所书的《卫氏和南帖》（局部）

"颜筋柳骨"，即他们的字像筋骨那样挺劲有力，同时又各有特点。后来卫铄的弟子王羲之又写了一篇《题卫夫人〈笔阵图〉后》的文章，对卫铄的理论又加以进一步阐述。

据说，卫夫人的《笔阵图》写成以后，呈送给皇上御览。皇帝看后，拍案惊叹，连连说，写得好，写得好！他一高兴，就把自己身边的一尊稀世珍宝——玉石白菜赐给了卫夫人。卫夫人对这个宝贝爱不释手，摆放在案头时时把玩，她死后，家人将其作为殉葬品，埋入她的墓中。

卫铄的儿子李充，在母亲的言传身教下，也成了书法家，官至中书侍郎。李充的从兄李式，更是大名鼎鼎，他的书法成就在东晋初期已经可以同当时的书法权威王廙（yì）（即王羲之的叔父）和庾（yǔ）翼相媲美了。卫铄生于公元272年，逝世于349年，活了七十八岁，在"人生七十古来稀"的古代，是很难得的。书法家多高寿，这大概是由于练习书法的时候，需要平心静气，专心致志，把一切杂念都抛在脑后，如此常常超然物外，身心放松，自然很容易长寿了。

"书圣"王羲之

在中国书法史上,东晋书法家王羲之有极高的地位,达到了"贵越群品,古今莫二"的高度,被誉为"书圣"。在古代十大书法家中,王羲之排在第一。他少时从卫夫人学书法,后来草书学张芝,正书学钟繇,同时还吸取了李斯、曹喜、蔡邕(yōng)、张芝等书法大家的精华,博采众人所长,推陈出新,一变汉魏以来的波挑用笔,形成了圆转流利的书法风格。他擅长隶书、草书、楷书、行书等各种字体,他的字结构严谨,遒美健秀,笔势委婉,变化多端,被评价为"飘若游云,矫若惊龙","天质自然,丰神盖代"。他的书法影响深远,唐代的欧阳询、颜真卿、柳公权,宋代的苏轼、黄庭坚、米芾(fú)、蔡襄,元代的赵孟頫(fǔ),明代的董其昌,这些历代书法名家都对王羲之心悦诚服,推崇备至。

王羲之,字逸少,号澹斋,原籍琅琊(今山东省临沂市),后迁居山阴(今浙江省绍兴市)。他出身于两晋时屈指可数的豪门士族,他的曾祖王览为西晋时的宗正(掌管皇帝亲族或者外戚勋贵等事务的官员)、光禄大夫;他的祖父王正是西晋尚书郎;他的父亲王旷为淮南太守,曾经建议晋室渡江,并且拥立司马睿在江南建立东晋王朝;他的伯父王导更是声名赫赫,官至东晋的丞相,他的另一位伯父王敦是东晋的军事统帅,王导和王敦尽心辅助司马睿,当时人称"王

王羲之像

与马，共天下"。琅琊王氏在东晋可谓声名显赫，权倾一时。

王羲之出生在这样一个家族里，仕途自然一帆风顺，他一出仕就为秘书郎，一路升迁，最后做到右军将军、会稽内史，因此又被人们称为"王右军"。

根据《史记》中的记载，王羲之小时候木讷少言，看不出有什么特别的地方。两晋是书法艺术的鼎盛时期，有很多著名的书法家，比如钟繇、卫瓘、卫铄（卫夫人）等，王羲之的父亲在他七岁时把他送到卫夫人那里学习书法。这个看上去很安静的孩子没有辜负他父亲的期望，像对书法着了魔似的，废寝忘食地练起字来，不到三年，他的书法就有了很大长进，用笔有力，顿挫生姿。他的成绩让老师都感到吃惊，忍不住夸他："这孩子的书法长进真快，将来会比我还要出名的。"

王羲之十二岁时，在父亲的枕头下看到一本古代书法著作《笔论》，他就偷偷拿来读，并且细心揣摩苦练，书法大有进步。父亲发现后问他："你为什么偷我的秘籍？"王羲之不好意思地笑了。父亲语重心长地说："你还太小，学习这个为时过早，等你长大成人以后，我再把这本书传授给你。"王羲之恳求父亲说："现在就给我用吧，长大再学就太晚了。"父亲看到他对书法这么痴迷，心里十分高兴，就把这本书给了他。他的变化被老师卫夫人发现了，卫夫人对王羲之的父亲说，这孩子最近一定是看了《笔论》，我看他的书法，最近已经有了老成稳重的风格。这也从侧面说明，卫夫人对书法理论和技巧是十分熟悉的。

王羲之练字十分刻苦，连走路、休息时都在揣摩字的写法，手指在自己的衣服上比划着，天长日久，连衣服都被他划破了。他练完字，常常到一个池塘里面去洗笔，后来水都变黑了，人们把这个池塘叫做墨池。在他曾经待过的地方，绍兴会稽山下、温州和江西临川，都有他洗笔留下的墨池，这些墨池，代表他为练字所付出的巨大努力。北宋著名文学家曾巩，有感于此，还写了一篇《墨池记》来称颂他。

他练字成痴，不仅向名家学习，而且从日常生活事物中领悟书法之道。他很喜欢鹅，认为鹅的动作秀美，令人赏心悦目，尤其是划水的姿态和书法有共通之处，仔细观察鹅的动作，可以领悟用笔的劲势。有一次他出外游玩，看到一群很漂亮的白鹅，悠然地在水面上游泳觅食，体态优雅从容，他一看就喜欢上了，想买下来。一打听，原来这鹅是附近的一个道士养的，就找这个道士商量。道士一听可高兴了，原来他久闻王右军书法的大名，非常希望王羲之为他抄写一篇《黄庭经》（道教的重要经典），但是担心被拒绝，他听说王羲之喜欢鹅，就精心饲养了这群漂亮的鹅，每天把这群鹅赶到王羲之经常路过的地方，功夫不负有心人，果然被王羲之经过看到了。道士趁势提出了一个要求，只要王右军能为我抄一部《黄庭经》，我就把这些鹅送给你。王羲之欣然答应，为道士用楷书抄写了这篇经文，"笼鹅而归"。

王羲之的代表作品有很多，除了上面提到的《黄庭经》，还有楷书《乐毅论》，草书《十七帖》，行书《快雪时晴帖》、《丧乱帖》、《兰亭集序》等。其中，《兰亭集序》为历代书法大家所敬仰，宋代米芾称之为"天下第一行书"。东晋永和九年（公元353年）农历三月三日，王羲之同名士谢安、孙绰等四十一人在绍兴兰亭修禊（xì，修禊是一种古代风俗，阴历三月三日，人们到水边游玩嬉戏，以消除"妖邪"）。天气晴好，风景优美，众人兴致高涨，饮酒赋诗，汇成诗集。王羲之乘着酒兴，即兴挥毫作序，这就是有名的《兰亭集序》，里面描写了兰亭周围的秀

南宋马远所绘的《王羲之玩鹅图》

美山水和聚会的欢乐之情，表达了"好景不长，生死无常"的感慨。此帖为行书，共28行，324字，酣畅淋漓，气象万千，章法、结构、笔法十分完美，是他书法生涯中的巅峰作品。里面有二十多个"之"字，神态各异，字字都有异趣，十分精妙。明代著名书法家董其昌在《画禅室随笔》中写道："右军《兰亭序》，章法为古今第一，其字皆映带而生，或小或大，随手所如，皆入法则，所以为神品也。"解缙也在《春雨杂述》中称赞道："右军之叙兰亭，字既尽美，尤善布置，所谓增一分太长，亏一分太短。"在这幅完美无缺的作品面前，所有后世名家的模仿都显得黯然失色，连作者本人后来再度书写，也无法超越原作的神妙绝伦。

　　王羲之对《兰亭集序》爱不释手，视为传家宝，精心收藏，并一代一代传之后世，这样一直传到了王家的七世孙智永的手中。智永后来在绍兴云门寺出家，身后无子嗣，于是就将祖传的这幅真迹传给了弟子辩才和尚。唐太宗李世民是个书法爱好者，他很崇拜王羲之，平定天下后，想尽办法搜集王羲之的书法作品，尤其渴望得到《兰亭集序》。他打听到这幅稀世珍品在辩才和尚手里，于是就派人去和他谈判，要收购这幅画。辩才和尚一口咬定不知道真迹的下落。唐太宗无奈，只好另想办法。朝中有个御史叫萧翼，这人计谋多

东晋王羲之的书法名品《兰亭集序》（唐人摹本）（局部）

端，应该能想出办法来。萧翼没有推辞，他接受了这个任务，想办法接近辩才和尚，和他成了好朋友。在一次闲谈中，他借故引出了《兰亭集序》的话题，辩才和尚不知是计，就亮出了自己的宝贝。萧翼知道了真迹的藏身处，很顺利地偷走了它，献给了唐太宗。

唐太宗得到这幅真迹，欣喜若狂，日日欣赏临摹，晚上也放在枕边不离左右，还命令身边的书法家欧阳询、虞世南、褚遂良等临写。唐太宗死后，侍臣们遵照他的遗诏将他酷爱的《兰亭集序》真迹作为殉葬品埋入昭陵。可惜的是，五代十国时期，军阀温韬掘开了昭陵，盗走了《兰亭集序》，从此，这幅天下第一的神品不知所踪。后世流传的只有《兰亭集序》的临摹本，即便如此，也是十分珍贵的传世之宝了。

在王羲之的影响下，他的七个儿子王玄之、王凝之、王涣之、王肃之、王徽之、王操之、王献之都成了当时有名的书法家。他最小的儿子王献之成就最高，幼年随父亲学习书法，兼学张芝，书法众体皆精，尤善行草，并且在继承父亲书法的基础上，进行了创新，为魏晋以来的今楷、今草做出了卓越贡献，被誉为"小圣"，和他的父亲王羲之并称为"二王"。

唐太宗李世民像

画圣顾恺之

顾恺之是东晋时期最负盛名的大画家，多才多艺，擅长诗赋和书法，尤其善于绘画，精于人像、佛像、禽兽、山水等，被当时的人称为"才绝、画绝、痴绝"。"才绝"指顾恺之多才多艺；"画绝"指他擅长画画；"痴绝"指他对艺术专心致志的精神。他的画风格独特，尤其人物画，清瘦俊秀，线条流畅，被称为"秀骨清像"、"春蚕吐丝"。他和张僧繇（yáo）、曹不兴、陆探微合称为"六朝四大家"。

顾恺之字长康，小名叫虎头，出生于公元前345年前后，晋陵无锡（今江苏省无锡市）人，世人多称他为"顾虎头"。他出身士族家庭，祖父顾毗（pí）在晋康帝时为散骑常侍，父亲顾悦之官至尚书右丞。顾恺之从小就聪明好学，读书写字十分刻苦，培养了良好的文学艺术素养。后来，他对绘画产生了浓厚的兴趣。

魏晋南北朝时期是绘画艺术大放光彩的一个阶段，画坛上人才辈出。西晋时的卫协以擅长画人像而著称。顾恺之拜卫协做老师，而卫协的老师正是人称"江南画家之祖"的曹不兴。顾恺之在名师的指点下刻苦钻研，绘画技艺进步很快，渐入佳境。他继承和发展了卫协精密细巧的艺术风格，受老师影响很深，但同时又有所创新和发展，将中国古代绘画水平提升到一个新的高度。

顾恺之受汉代画像石的影响，所绘的人物，一反汉魏古拙之风，不再满足于外表的形似和姿态的生动，非常注重"传神"，即表现人物的内在气质和性格特征。他的人物画善于用淡墨晕染的手法来增强质感，用铁线描（古代人物衣服褶纹画法之一，线条外形状如铁丝，没有粗细变化，这种描法产生于魏晋隋唐时期，为表现硬质布料的重要技法）来勾勒出挺劲有力的线条，呈现出生动细腻的感觉。人物五官描写细致，表情生动，透露出内心的丰富情感；人物动态自然大方，衣服线条流畅飘逸，充满了艺术魅力。

顾恺之画人物非常注重传达人物的神情，他认为在人体的各个部位中，只有眼睛能真正传达人的内在精神面貌，一定要画好，"传神写照，正在阿堵"，"点睛之节，上下、大小、浓薄有一毫小失，则神气与之俱变也"。因此，他对刻画眼睛十分谨慎，常常把其他地方都画好后才画眼睛。

相传东晋时在国都建康（今南京市）建造了一座寺庙，叫瓦棺寺，为了给寺中的佛像贴金，主持请众人布施。有一天，顾恺之来到寺庙，在捐款薄上写下了"认捐一百万钱"几个字。大家十分惊讶，因为数日来，没有一个人捐款超过十万钱的，人们以为他在吹牛。顾恺之却十分有把握地说：你们给我找一面空白墙壁，我保证一百万钱的捐款不少半文。他搬进寺庙，闭门画了一个月，在那面墙上画了一幅维摩诘（早期佛教著名居士，以洁净、没有污染而著称）像，却唯独没有画眼珠。他对主持说，第一天来这里看画像的人，每人要捐十万钱给寺庙，第二天来的人可以捐五万钱，第三天来看画像的人，捐助数目随意。到了开门那一天，许多人涌进寺庙，争相来观画。只见顾恺之不慌不忙地提起画笔，走向画像，轻轻几笔就画出了眼睛，画像顿时变得栩栩如生，光彩照人。人群发出一阵惊叹，禁不住交口称赞顾恺之的精湛画艺。看画的人络绎不绝，竟相向寺里捐钱，很快就捐够了一百万钱。他这一神来之笔在很长

东晋顾恺之的《列女仁智图》宋人摹本（局部）。内容为西汉刘向的《列女传》故事

东晋顾恺之的《洛神赋图》宋代摹本（局部）。描述曹植由京师返回封地的途中与洛水女神相遇的动人爱情故事

时间内被人们传颂不已。

他的作品很多，根据历史记载，大约有七十件，题材广泛，有佛像、山水、仕女等，有《司马宣王像》、《谢安像》、《阮咸像》、《晋帝相列像》、《司马宣王并魏二太子像》、《荡舟图》、《夏禹治水图》、《洛神赋图》、《女史箴图》、《列女仁智图》等。可惜的是，由于年代久远，他的作品真迹全部散佚，只有若干摹本传世，十分令人惋惜。摹本有歌颂曹植与甄氏爱情的《洛神赋图》、规劝妇女遵循封建道德的《女史箴图》（隋代摹本，现藏于英国伦敦不列颠博物馆）和表现十五个列女故事的《列女仁智图》。

《洛神赋图》在古代曾经被很多画家临摹过，有很多宋代摹本。《洛神赋图》根据曹植著名的《洛神赋》而作。《洛神赋》原名《感甄赋》，一般认为这篇文章是为了纪念曹植与魏明帝曹叡之母甄氏之间的感情，其中的洛神暗指甄氏。画中曹植带着随从，在洛水边凝神眺望远方，神情惆怅。远处凌波而来的洛神，衣带飘逸，动作从容，目光里充满了关切。两人的思念之情跃然纸上，令人感动。作品将不同情节置于同一画卷，以山石、林木、河水等将画面分隔成不同情节。画面设色艳丽明快，和谐统一，衔接自然，线条流畅，富有诗情画意。

《女史箴图》为张华所作的《女史箴》的配图。西晋惠帝司马衷不务正业，朝政大权被皇后贾氏独揽。贾氏荒淫无度，引发众臣不满。大臣张华便收集了历史上各代先贤圣女的事迹，写成了《女史箴》。顾恺之根据文章

东晋顾恺之的《女史箴图》宋代摹本（局部）。描写古代宫廷仕女的礼仪，此部分表现了"冯媛当熊"的故事

内容逐段配画，原文十二节，配画也有十二段，现存九段。此画人物线条圆转，后人称之为"春蚕吐丝"，又叫"高古游丝描"，风格古朴。这幅画的唐人摹本原为清宫藏画，上面盖满了历代收藏家和皇帝的印章，在英法联军火烧圆明园时被抢劫到英国。宋代摹本现藏于北京故宫博物院。

顾恺之虽然以画人物肖像为主，但也画了很多其他题材的内容，尤其在山水画方面贡献很大。在我国晋代以前，画家一般不单独画山水，山水只是作为人物的衬托，并不能作为画的主角。顾恺之游历很广，饱览山水之美，他大胆地进行尝试，以山水为主题作画，开创了中国绘画史上山水画的先河。

他不只是在绘画方面取得了极高的成就，在文学上也表现出很高的才能，流传下来的残章断句中，有这样的名句，"千岩竞秀，万壑争流，草木蒙笼其上，若云兴霞蔚"，生动地描写了江南的秀丽景色，充满了诗情画意，令人陶醉。

顾恺之的生平经历在历史上记载不多，我们只知道他最初在将军桓温的手下担任过官职，晚年任散骑常侍。他和桓温的儿子桓玄关系很好，很受桓温和谢安的赏识，谢安曾惊叹他的绘画是"苍生以来未之有也"！他性格单纯乐观，被人们形容为"痴"。《晋书·文苑·顾恺之传》中曾经提到一件事，很能表现他的这种"痴"。有一年春天，他要出远门，于是就把自己的得意画作集中起来放到一个柜子里，然后贴好封条，交给桓玄保管。桓玄偷偷打开柜子,看到里面都是精彩的画作,就抑制不住占有的欲望将它们全部据为己有。顾恺之回来后从桓玄那里拿回柜子,打开一看,一张画都没有了。顾恺之惊叹道:"妙画有灵,变化而去,犹如人之羽化登仙,真是太妙了!"

  顾恺之总结了自己的绘画经验,著有《论画》、《魏晋胜流画赞》、《画云台山记》等,提出了著名的"传神论"、"以形传神"、"迁想妙得"等绘画理论,"传神"就是重视精神状态的表达,"以形写神"的目的是形神兼备,"迁想妙得"是指画家由此物象联想到另一物象,并且将自己独有的思想感情"迁移"人对象,巧妙把握对象内在的本质。他的这些绘画理论对后来传统绘画的发展影响很大。

隋朝音乐家万宝常

在中国历史上，经历了魏晋南北朝三百多年的分裂之后，出身于军事贵族家庭的杨坚于581年篡夺了北周政权，建立了一个大一统的王朝。这个政权存在时间很短，三十七年后，即618年，就被农民起义推翻了。这个朝代虽然存续时间不长，但是开创了著名的"开皇之治"，开凿了惠泽后世的大运河，创立了科举制度，确立了重要的政治制度——三省六部制，文化艺术如歌舞、音乐等也得到了高度发展，为唐代的全面兴盛奠定了基础。

在隋朝的音乐史上，有一个非常重要的人物，他精通音律，擅长演奏各种乐器，在隋朝开国以后，为隋文帝调整乐音，提出了有名的八十四调理论（即一个音律有七个音阶，每个音阶上建立一个调，"十二律"就有"八十四个音阶调式"），还发明了用水尺来定音律从而调整乐器声音的方法，这比传统的"管口校律"更为科学。因为这个人的历史性贡献，郭沫若曾高度评价他是"隋代大音乐家"。他就是万宝常。

万宝常大约出生于556年，卒于595年。他是江南人，生在南北朝时期的梁国，陈灭梁后，父亲万大通带着他随着上司梁国大将王琳投奔北齐。天嘉五年（564年），王琳在和陈国的战斗中身亡，万大通想返回南朝，因此惹怒北齐，被诛杀。当时万宝常还不满十岁，被父亲株连获罪，配为乐户，成为卑贱的乐工，实际上是一个奴隶。后来他被北齐大音乐家祖珽（tǐng）收为弟子，开始了学习音乐的生涯。祖珽自幼天资聪颖，和他的父亲祖莹一样精通音律。万宝常学习十分刻苦，很快就继承了老师的所有音乐技艺，展露出自己的音乐才华，并且进入"太常"（当时的音乐机构）中参与编修洛阳旧曲，从而成为创作经验丰富的音乐大家。《隋书·音乐志》上记载：

"又有识音人万宝常，修洛阳旧曲，言幼学音律，师于祖孝徵，知其上代修调古乐。"北周灭北齐以后，他又成为北周的乐工。后来杨坚废掉北周皇帝，建立隋朝，万宝常又成了隋朝的乐工。

隋文帝杨坚夺得天下之后，生活十分奢侈，他把以前北周、北齐的乐工全部收入宫中，这其中也包括万宝常，以供自己听"哀管新声，淫弦巧奏"。开国之初，他就命手下大臣郑译等人修订宫廷中的乐谱和有关音乐礼仪制度。隋文帝召见当时已有音乐才名的万宝常，向他征求意见。万宝常听了演奏说："此乃亡国之音，岂陛下之所宜闻？"他的意思是说，这乐声哀怨无力，不是正宗的宫廷音乐，不适合皇上听。隋文帝采纳了他的意见，让他来创作新乐曲，演奏出来果然和郑译的音乐风格大不相同。万宝常不仅创作了很多新曲，还制成了各种乐器，提出了有名的八十四调理论，并且自制水尺为律尺，用来调乐音。

隋文帝杨坚像

万宝常发现"八十四调"有个契机。有一个龟兹人带着龟兹琵琶来到中原，他弹奏琵琶时一个音阶有七个声调，他说，从上一代传下来的音调就有七种。万宝常对这个龟兹人的"七声说"很感兴趣，他认真研究，有了突破性的发现，提出了"八十四调"，并且将这个发现写入了自己撰写的音乐著作《乐谱》中。

可惜的是，万宝常的"八十四调"理论在隋朝并没有受到重视，甚至还有人嘲笑他，说这是纸上谈兵的谬论。到了唐代武则天时代，才有音乐家注意到"七声音阶"的价值，肯定地说："凡情性内充，歌咏外发，即有七声。"意思是，凡是内心有所感慨，唱歌或者咏叹，就是用七声来组成音调的。

万宝常是个音乐奇才，《隋书》上说他："妙达钟律，遍工八音，造玉磬以献于齐。"意思是，他精通音律，各种乐器都能熟练演奏，曾制造了玉

《反弹琵琶图》。此图为莫高窟112窟的《西方净土变》的一部分。琵琶从西域传入，在隋唐时期得到广泛应用

磬献给北齐。有一次他和别人一起吃饭，谈到音乐的事情，兴致大发，身边没有乐器，他就拿着筷子在几个食器上敲起来，居然音调俱全，颇为动听，众人听了心悦诚服。他对隋朝的音乐事业贡献很大，《隋书·万宝常传》中说："并撰《乐谱》六十四卷，具论八音旋相为宫之法，改弦移柱之变。为八十四调，一百四十四律，变化终于一千八百声。""试令为之，应手成曲，无所凝滞，见者莫不嗟异。"

"木秀于林，风必摧之"，万宝常的音乐才能引起了权贵和同行的嫉妒，当时的郑译、王长通、郭令乐等，都常常在言语和行动上排挤他，但是心里却都不得不佩服他，认为他的音乐水平已经到了出神入化的地步。万宝常有一次在听宫中奏乐后忍不住泪如雨下，感叹道，声音如此尖利悲哀，天下人将要互相残杀。当时正值盛世，四海升平，众人都以为他在胡言乱语。然而，"大业之末，其言卒验"，大业末年（618年），他的话应验了。

中国音乐的发展，随着对外交流活动的增多，越来越多地受到外来音乐的影响。中国本来的乐器只有竽、鼓、钟等几种，琵琶、筝、胡笳等乐器由西域传入以后，乐器的种类大大增加。中国古乐起初只有宫、商、角、徵、羽五音，十二律的传入使律制得到了丰富。根据音乐历史专家的说法，中国历史上的隋唐时期是胡乐期，西域和印度的音乐传入中国，中国的宫廷雅乐和外来的胡乐进行了融合。万宝常生活在胡乐盛行的时代，他吸取了胡乐的精华，利用中国旧有的乐器，把中国的旧乐曲翻新，创造出新的音乐形式和风格。

万宝常历经南北朝、北齐、北周、隋朝四个朝代，为朝廷的乐律事业贡献甚多，但他虽有抱负和才能，却始终不得重用，一直是一个地位卑贱的乐工。晚年他重病缠身，又没有孩子，最后贫病交加，竟然饿死。临死前，他悲愤之极，含泪烧掉了自己用毕生心血所写成的《乐谱》六十四卷，旁边人从火中仅仅抢出几卷，但是现在也已经失传了。

一代宗师阎立本

阎立本是唐初的著名画家，他善长画人物、车马、台阁，肖像画尤其画得好。他继承了南北朝的优秀绘画传统，并且加以吸收和发展，形成了自己的独特画风。他的画线条刚劲，所使用的"铁线描"手法有丰富的表现力，色彩古雅，笔触细致，人物神态栩栩如生，被誉为"丹青神化"而为"天下取则"，时人称之为"神品"。他的著名作品有《步辇图》、《历代帝王像》、《职贡图》等。他除了擅长绘画以外，还很有政治才能。他在唐高祖时期任库直（类似参军之类的职官），唐太宗时期任主爵郎中、刑部侍郎，唐高宗时期做到工部尚书、右丞相、中书令。他不仅在绘画艺术上攀上了高峰，在政治生涯中也一帆风顺，可谓难得。

他出生在一个贵族家庭里，家学渊源十分深厚。他的父亲阎毗（pí）在北周时为驸马，擅长绘画和建筑，隋文帝和隋炀帝都很赏识他，阎毗也因此在入隋后官至朝散大夫。阎立本的兄长阎立德也擅长书画以及建筑。阎立本自幼继承家学，在父亲和兄长的教导下学习，很快也成为了著名画家和建筑家。

在唐代，画家的地位并不高，阎立本虽然在画坛已经卓有名气，但是并没有得到尊重，而是被达官贵人看成用来消遣取乐的仆役。唐太宗有一次和大臣们乘舟在御苑的池塘中游玩，看到有怪鸟在水面上浮游，唐太宗感到十分稀奇，拍着栏杆大声叫好，命令陪同的侍臣当场赋诗，同时又令人宣召阎立本马上前来将怪鸟画下来。当时阎立本已经担任主爵郎中，职位已经很高，听到传召，不敢怠慢，马上跑到池边，不顾身上大汗淋漓，马上调研丹粉，挥笔作画。旁边的人却在举杯饮酒，指指点点。事后，阎立本语重心长地告诫自己的儿子说："我小时候爱好读书学习，文章和绘画都学得不错，我最知名的技艺就是绘画，但是，这项技能却使我像奴仆一样去侍奉他人，这是莫大的耻辱。你应该深以为戒，不要再学习这项技艺了。"

话虽然这么说，阎立本却舍不下自己对于绘画艺术的热爱，继续在绘画道路上不断前行，学习绘画十分用心。他曾经有一次去荆州（今湖北省江陵县），在一所古寺中观摩南朝大画家张僧繇绘制的壁画，看后他不以为然地说："看来张僧繇是徒有虚名啊。"第二天，他又来看，仔细观察后点头说："他确实是近代的绘画高手。"过了一夜，他再次来看，这次他反复揣摩，细细品味，最后赞叹道："真不愧为一代大师呀。"他索性在画前住下来，或坐或卧，从各个角度欣赏这幅画，过了十来天才恋恋不舍地走了。

张僧繇还画过一张《醉僧图》，上面描绘了一个喝醉酒的僧人。初唐时期，佛教和道教不睦，常常争斗，道士们常常用《醉僧图》中所描绘的僧人醉态，来嘲笑僧人们违反清规戒律，生活放荡。僧人们感到羞辱，十分生气，就联合起来凑了几十万钱，请当时的大画家阎立本画了一幅《醉道图》，把道士的醉态也画得十分可笑。

阎立本主要还是为皇家服务，他的画作也多与宫廷活动有关。唐太宗李世民十分重视自己的名声，他为了使自己的文治武功流传后世，每当进行重大的政治活动时，都命令阎立本加以描绘记录。也多亏了阎立本的这些画，我们才能在一千多年后的今天，追想过往，还原历史上那些重要的瞬间。

阎立本的肖像画驰名于世，深受众人推崇。武德九年（626年），阎立本在秦王府任参军，李世民命令他将秦王府的重要人物画下来，他就以房玄龄、杜如晦、孔颖达、虞世南等十八人为对象，创作了《秦府十八学士图》，对每个人的身材、相貌、服装、神情等特征进行了生动而具体

唐代阎立本所绘的《历代帝王像》（局部）。描绘了从西汉至隋朝十三个皇帝的形象，此图为魏文帝曹丕

· 49 ·

的刻画，深受李世民赞誉。贞观十七年（643年），天下承平日久，唐太宗李世民回忆起当年金戈铁马的岁月，开始怀念那些跟随自己南征北战的功臣，他命令阎立本将那些老部下的形象描绘下来，放入皇宫内的凌烟阁，自己不时前去观看怀旧。这二十四位功臣包括房玄龄、杜如晦、长孙无忌、魏征、尉迟敬德等，画像为真人大小，面北而立，以示对皇帝的尊重。《凌烟阁功臣图》生动描绘了每个功臣的衣着和神情，神形兼备，个性鲜明。唐代杜甫曾在《丹青引》中这么写道："良将头上进贤冠，猛将腰间大羽箭，褒公（秦琼）鄂公（尉迟恭德）毛发动，英姿飒爽来酣战。"阎立本还为李世民画了肖像，被称为冠绝古今。

阎立本的肖像画最值得一提的是他的《历代帝王像》，此画又称《古帝王图》，现藏在美国波士顿美术馆。这幅画刻画了历史上由汉朝至隋朝间的十三位帝王。这十三位帝王按历史顺序依次是：汉昭帝刘弗陵、汉光武帝刘秀、魏文帝曹丕、吴主孙权、蜀主刘备、晋武帝司马炎、陈文帝陈蒨、陈废帝陈伯宗、陈宣帝陈顼（xū）、陈后主陈叔宝、北周武帝宇文邕（yōng）、隋文帝杨坚、隋炀帝杨广。画中还有仆从，加起来共四十六人。画家既刻画了他们作为封建统治者的共同特性和气质威仪，又根据每个帝王所处的不同

唐代阎立本所绘的《步辇图》。描绘了贞观十五年（641年）唐太宗李世民接见来迎娶文成公主的吐蕃使者禄东赞的情景

年代、不同年龄、不同境遇、不同性格以及不同成就，通过艺术手段，揭示出每个皇帝的性格特征和政治风度。那些开创王朝、建功立业的帝王，都充满王者的不凡气度，而那些昏庸误国的帝王，则呈现出萎靡庸碌之像。如才艺卓越的魏文帝曹丕，性格内敛的蜀主刘备，心机深沉的吴主孙权，外弱内强的隋文帝杨坚等。这幅画人物造型准确，色彩凝重，把帝王的个性特征体现得淋漓尽致，表现出画家褒贬人物的鲜明态度。它采用了重色设色和晕染衣纹的方法，显然是受到了佛教艺术的影响。这幅经典作品气度恢弘，画家的线条和色彩技巧达到了登峰造极的地步，代表了初唐人物画的最高水平，在中国古代绘画史上有重要地位，具有极高的艺术价值和历史价值。

贞观十五年（641年），吐蕃松赞干布派的特使禄东赞来到长安，向唐朝政府求亲，这个历史场景被阎立本用画笔记录了下来。画中李世民威严而平和，端坐在宫女抬着的步辇上缓缓前行，旁边还有几位宫女为唐太宗撑伞打扇。一个红衣礼宾官员，引导着身穿藏服的吐蕃使者禄东赞上前朝见，使者身后还跟着一个身穿白袍的翻译官。画面气氛和谐恬静，画家生动地刻画了人物的不同身份、气质和等级关系，表现了李世民洒脱不凡的帝王风度和吐蕃使者诚恳友好的态度，记录了这一具有重要历史意义的场面。这幅画现在北京故宫博物院。

王羲之的《兰亭集序》名垂千古，被称为"神作"，作者本人也爱不释手，小心收藏，最后传至王羲之第七代传人的弟子辩才和尚手中。唐太宗为了得到这幅珍贵作品，派手下御史萧翼出马，用诡计将字骗到手。阎立本根据唐代何延之的《兰亭记》画了一幅《萧翼赚兰亭图》，画面上辩才和尚与萧翼正坐而论道，辩才和尚伸着一只手，鞋子随意脱在脚下，萧翼注视着老和尚，侧耳倾听，旁边有两个仆人在茶炉上烹茶。每个人的表情都刻画细致入微。

唐代著名书法家李嗣真曾经说过："阎立本的画，师承郑法士，实际上已经超过了郑法士。"郑法士是北周末隋初的著名画家，善于画人物。阎立本一生中画了很多作品，但可惜的是，至今保留下来的只有《历代帝王图》、《步辇图》和《萧翼赚兰亭图》等几件。

李隆基与《霓裳羽衣曲》

白居易的长篇叙事诗《长恨歌》众人皆知,这首长诗借助历史人物和民间传说,描绘了李隆基和杨贵妃之间的爱情悲剧,千百年来感染了无数读者。

李隆基生于公元685年,712年被立为太子,同年登基,即唐玄宗。唐玄宗继位后,励精图治,采取了多种措施来治理国家。他整顿吏治,精简机构,裁减官员,建立严格的官吏考核制度,重视农业生产,减轻人民负担,经过多年努力,唐朝的政治、经济、文化得到了充分发展,出现了繁荣昌盛的鼎盛时期,史称"开元盛世"。

经济的飞速发展为文化艺术的发展提供了雄厚的物质基础和良好的便利条件,加上唐玄宗本人也是个音乐家,在他的重视和推动下,盛唐音乐得到了空前发展,达到了后世难以企及的高度。

李隆基从小就表现出不凡的音乐天分。公元700年,武则天在新建的大殿中举行盛大宴会,客人济济一堂,歌舞之声不断,十分热闹。当时年仅六岁的李隆基在祖母武则天和诸位王公大臣面前,毫不胆怯地表演了歌曲《长命女》,令众人惊叹不已。

李隆基多才多艺,能够演奏多种乐器,琵琶、二胡、笛子无一不精,击羯(jié)鼓

唐玄宗李隆基像

1972年出土于新疆吐鲁番张礼臣墓的《舞乐图》。描绘了唐代舞伎跳舞的情形

的技艺尤其高超。唐代的《羯鼓录》曾经说他："若制作词曲，随音即成，不立章度，取适短长，皆应散声，皆中点拍。"羯鼓原来是西北少数民族的一种打击乐器，隋朝时传入中原。据说来源于羯族，因此叫羯鼓。羯鼓的形状像一只漆桶，上面蒙着公羊皮，装在鼓架上，用两根鼓槌敲击，声音短促、激烈、高亢，很适合演奏明快节奏的曲目，可以在战场上用于为战斗助威，同时也是宫中举行盛大宴会时的主要乐器之一。李隆基很喜爱羯鼓，他说："羯鼓堪称八音的领袖，其他乐器不可与之相比。"并且为它谱了多首曲子，如《春光好》、《秋风高》等。在他的带动下，羯鼓在唐代十分流行，从王公大臣到普通百姓，羯鼓高手层出不穷。当时的宰相宋璟和著名乐师李

龟年就很擅长敲击羯鼓。

　　李隆基还很喜欢舞蹈，著名的《霓裳（cháng）羽衣舞》的曲调，就是唐玄宗根据从印度传来的《波罗门曲》润色改编的。这首曲子的创作来历也有另外一个说法，相传，李隆基曾经梦见自己在月宫游玩，看到一座宏伟华丽的宫殿，宫里有数百个婀娜多姿的仙女，穿着薄纱衣裙，在飘渺美妙的乐声中翩翩起舞，歌声优美，舞姿婆娑，令人迷醉。李隆基醒来后，依然能清晰地记得梦中的情景。他很想再现梦中的美妙场景，就试着回忆当时听到的乐曲和舞蹈动作，他像着了魔一样，废寝忘食，拿着一支笔和一支玉笛，不停地试音记录，就连白天上朝的时候，一边处理政事，一边思索着曲调。但是有些片段他怎么都回忆不起来，曲子也断断续续，他为此十分苦恼。有一天，他去三乡驿，在眺望远处的女儿山时，看到山峦起伏，云雾在山头缭绕，恍如仙境。他看着看着，陷入了沉思，脑海中产生了很多美丽的幻想。忽然间所有的记忆都复活了，他记起了梦中听到的所有仙乐，他马上把乐谱记录了下来，创作了这部适合在宫廷演奏的著名乐曲《霓裳羽衣曲》。

　　《霓裳羽衣曲》共三十六段，分散序（六段）、中序（十八段）、曲破（十二段）三部分，融歌、舞、乐器演奏为一体。散序为前奏曲，全是自由节奏的散板，由箫、筝、笛等乐器独奏或者轮奏，没有歌舞。中序又名拍序或者歌头，是慢板抒情乐段，中间出现了清脆强烈的节奏，伴随着乐曲的快慢交替，舞女们开始舒展长袖，手挥白练，按照乐曲的节拍边歌边舞，如惊鸿，如飞燕，婀娜多姿。曲破又名舞遍，是整支曲子的高潮，以舞蹈为主，乐音铿锵有力，速度逐渐加快，从散板到慢板再到急拍，最后伴随着一声长啸，舞蹈戛然而止。

　　李隆基命令乐工加紧排练《霓裳羽衣曲》，让能歌善舞的宠妃杨玉环领衔舞蹈，并且为此建立了梨园，为排练提供方便。在一个盛大的节日，《霓裳羽衣曲》犹如天籁之音，缓缓响起，杨玉环盛装带领一群舞女和着节拍载歌载舞，一个个仿佛天女下凡，美不胜收，观赏的群臣眼睛都看直了。杜牧写道："霓裳一曲千峰上，舞破中原始下来。"白居易也有诗曰："千歌万舞不可数，就中最爱霓裳舞。"

　　通过白居易的《霓裳羽衣舞歌》可以知道，乐队的伴奏使用了磬、箫、笛、箜篌（kōng hóu，一种古老的弹弦乐器，最初称"坎侯"或"空侯"，

有卧箜篌、竖箜篌、凤首箜篌三种形制）等乐器，另外白居易的诗中还说："玲珑箜篌谢好筝，陈宠筚篥沈平笙。清弦脆管纤纤手，教得《霓裳》一曲成。"这告诉我们伴奏乐器还有筝、笙、筚篥等。这首乐曲的音乐既有唐朝本国的民族曲调，还有来自印度的佛曲，产生一种宏大新奇的艺术效果。

《霓裳羽衣曲》在开元、天宝年间盛行一时，但是天宝后期，李隆基整日与杨贵妃沉溺在歌舞享乐之中，不理国事，朝政为奸臣所把持，最后终于爆发了安史之乱。从那以后，宫廷里就再也没有演出过这个曲目了。到了五代十国时期，南唐后主李煜与皇后周后经过不懈研究，凭着自己的音乐天赋，复原了失传两百年之久的《霓裳羽衣曲》，成为音乐史上的一大奇迹。

清代康涛所绘的《华清出浴图》。描写唐玄宗的宠妃杨玉环出浴的场景

唐太宗时，宫廷艺人在隋朝九部乐的基础上，增入了新的少数民族音乐，形成规模宏大的十部乐：燕乐、清商乐、西凉乐、天竺乐、高丽乐、龟兹乐、安国乐、疏勒乐、康国乐、高昌乐。上面的十部乐中，燕乐是唐自创的，清商乐是汉魏南朝旧乐，其余则是外国或少数民族地区传入的乐曲（每部乐都拥有一定独具风格的乐曲）。

李隆基除了进行音乐创作之外，还对唐代的音乐制度做了重大改革，他

根据乐舞的特点和演式，调整了原来的十部乐为坐部伎（有宴乐、长寿乐、天授乐、鸟歌万岁乐、龙池乐、小破阵乐六种，规模较小）、立部伎（有安乐、太平乐、破阵乐、庆善乐、大定乐、上元乐、圣寿乐、光圣乐八种，规模较大），促进了音乐艺术的发展与提高；他设立梨园，扩充教坊规模，培养了众多优秀的音乐人才；注重吸取外来音乐的精华，丰富了唐代音乐的表现力。

李隆基登基成为唐玄宗以后，开设了一个负责教习歌舞的专门机构，由于这个机构位于皇宫禁苑附近的梨园，人们通常称其为梨园。李隆基亲自担任梨园的崖公（相当于现在的校长）。梨园的成员由皇帝亲自挑选，三百名优秀的乐师和几百名能歌善舞的宫女，组成了一个庞大的皇家歌舞团。唐玄宗常常在处理政事之余，亲自到梨园教习乐曲，指挥排练。梨园弟子的演奏只要有一点点错误，他都能立即觉察，并给予纠正。他还经常命令当时的翰林学士和著名文人为梨园编撰节目，诗人贺知章和李白都为梨园编写过节目。

这个集音乐、舞蹈、戏曲为一体的综合性艺术学院培育了一大批音乐舞蹈人才，如我们熟悉的乐师李龟年兄弟三人。梨园为唐代音乐歌舞的发展起到了很大的促进作用，李隆基对此贡献很大。安史之乱后，政局动荡，李隆基仓皇逃离长安，梨园也随之解散，众多伶人不知去向，昔日的繁华胜景，就此烟消云散。

著名乐工李龟年

唐代是历史上文化艺术成就辉煌的一个朝代，李龟年生活在这个时代，在某种意义上来说，是他的幸运。李龟年出身于宫廷艺术之家，他和李彭年、李鹤年兄弟三人自幼即负盛名，李彭年善舞，李龟年、李鹤年则善歌，李龟年还擅长吹筚篥、奏羯鼓、作曲等，比他的兄弟更加多才多艺，是盛唐时期著名的音乐家。

唐玄宗亲自建立了培养音乐舞蹈人才的机构——梨园，李龟年能歌善舞，多才多艺，成为梨园中的出色弟子。他创作的《渭川曲》深受天子李隆基的赏识。这首曲子早已失传，但可以推断出它是在俗乐基础上吸取了西北民族音乐养分形成的乐调，同《凉州曲》一类杂曲相似，繁弦急管，十分热闹。后人称其为《渭州曲》，南宋姜白石说它属于琵琶四曲之一，可见这个曲子在唐宋时期流传很广。

因为当权者对音乐的热爱，李龟年如鱼得水，被任命为皇家乐队队长，音乐才能得到了充分发挥。王公贵人常常请他们前去演唱，每次的赏赐都成千上万。唐玄宗的弟弟岐王李范，风流儒雅，爱好艺术，常常请来诗人和音乐家宴饮。有一次，李龟年应邀到岐王府里做客。客人到齐之后，岐王府上的乐师就调试乐器，开始演奏，乐声刚一响起，李龟年就说："这是秦音的慢板。""这是楚音的流水板。"深通乐律的岐王闻言点头称是。演奏结束以后，岐王赐给客人一些珍贵的丝织品，李龟年却并不感兴趣，他走上前去，掀开帷幕，拿过当时著名乐人沈妍手中的琵琶，忘情地拨弄起来，完全忘记了身边的一切。岐王微微一笑，并不介意他的放肆举动。李龟年从此成了岐王府的座上客。

李龟年逐渐成为炙手可热的人物，几乎无人不知他的大名。他在东都洛阳通远里建造了自己的宅第，装饰豪华，十分气派，规模甚至超过了一般的公侯府，史称"中堂制度，甲于都下"。

唐玄宗天宝初年，国家日益繁荣，宫廷里也呈现出歌舞升平的欢乐气象。那年春天，牡丹盛开，唐玄宗与杨贵妃一起到沉香亭观赏牡丹。李龟年率领十六名优秀梨园弟子怀抱各种乐器，紧随圣上，等待合适的时机演出助兴。牡丹开得正娇艳，一阵风吹来，千姿百态，花香阵阵，令人心旷神怡。唐玄宗逸兴大发，他说："赏名花，对爱妃，怎能再听旧词旧曲？"他命令速召诗人李白进宫，写出《清平调》三首。李白昨夜宿醉未醒，他趁着酒意一挥而就：云想衣裳花想容，春风拂槛露华浓……诗中把杨贵妃比作牡丹，将她的美貌描写得无以伦比，杨贵妃心花怒放，唐玄宗也兴高采烈，催促李龟年谱曲演唱，并且居然亲自用玉笛为李龟年伴奏。这样一次盛会，大诗人即兴赋诗，大歌唱家即席谱曲演唱，皇帝伴奏，也算是艺坛的一段佳话了。李龟年常常怀念这次完美的合作，他对别人说，这是我唱得最好的一次，获得的荣耀也是空前绝后的。

可惜好景不长，唐玄宗天宝十四年（755年），安禄山发动渔阳兵变，结束了弦歌不断的盛唐时代，带来了社会大动乱。次年长安陷落，唐玄宗仓皇逃往成都，宫廷音乐家李龟年也不得不结束了自己日日弦歌的生活,流落江南。

安史之乱发生十余年后，全国仍然战乱迭起，局势动荡，唐玄宗和唐肃宗先后死去。公元768年，诗人杜甫从四川成都乘船沿着长江一路向东，希望"即从巴峡穿巫峡，便下襄阳向洛阳"，回到阔别已久的故乡，中间路过

明代仇英所绘的《贵妃晓妆图》。再现了杨贵妃等后宫嫔妃奢华的宫中生活

唐代《宫乐图》。描绘了仕女饮茶、奏乐、聆听、顾盼的各种情态，表现了唐代贵族女子的日常生活

潭州。大历五年（770年），李龟年也流落到潭州，投靠无门，十分狼狈。他们当年在洛阳认识的时候，风华正茂。李龟年因为音乐才华名满京华，人人仰慕；而杜甫则寄居在姑母家，诗名远扬，得到洛阳名士的称赞，他们都是达官贵人家里的常客，杜甫多次听到过李龟年不同凡俗的美妙歌声。如今，繁华消尽，山河破碎，他们都被迫浪迹天涯，多年没有谋面的旧友，在人生最落魄的时候，很偶然地重逢了。他们相对无言，感慨万千。杜甫悲伤地写下了千古名篇《江南逢李龟年》。

岐王宅里寻常见，崔九堂前几度闻。
正是江南好风景，落花时节又逢君。

这是杜甫写的最后一首七绝诗，这首诗用平静的口吻，表达了深沉的黍离之痛，悲欢离合，世事无常，历史悲剧和个人悲剧交织在一起，种种凄凉况味，尽在这四句诗中了。

公元770年，李龟年辗转来到湘潭，在湘中采访使的宴会上演唱了王维的两首诗，其中一首是王维的《相思》。

红豆生南国，春来发几枝。
劝君多采撷，此物最相思。

李龟年的演唱感情真挚，催人泪下，满座宾客闻之，无不掩泣。这两支曲子是李龟年当年在唐玄宗时期常常演唱的，再次唱起这些曲子，回忆起开元、天宝年间的繁华旧事，不禁勾起了兴亡之痛，他情绪激动地唱完之后，忽然觉得心头一阵剧痛，昏倒在地。他的家人摸摸他的手，发现还有脉搏，就将他放在床上。四天以后，他忽然清醒过来，对身边的家人说："我做了一个梦，梦见湘江的水神湘君和湘夫人召我去教他们的侍女唱歌，我教了四天，他们让我回来了。"根据这个故事，人们在李龟年昏倒的地方建了一座二妃庙，以此来纪念这位梨园歌手。李龟年最终还是郁郁而死。他的人生经历引发了很多诗人的感慨，唐代"大历十大才子"之一的李端，写了一首五律诗《赠李龟年》。

青春事汉主，白首入秦城。
遍识才人字，多知旧曲名。
风流随故事，语笑合新声。
独有垂杨树，偏伤日暮情。

明代著名诗人高启也感慨地写下《闻旧教坊人歌》。

渭城歌罢独凄然，不及新声世共怜。
今日岐王宾客尽，江南谁识李龟年？

在这些诗里，李龟年已经成了唐代那个繁华盛世的一个代表符号，他的遭遇，和时代的变迁紧紧相连，不禁再一次让人感慨，国家命运，是如此之大地影响着个人命运。

画圣吴道子

吴道子是唐代第一画家,被后世尊为"画圣",被民间画工尊为"祖师",中国绘画史上称他为"吴生"。宋代文学家苏轼更是对他推崇备至,在《书吴道子画后》写道:"诗至于杜子美(杜甫),文至于韩退之(韩愈),书至于颜鲁公(颜真卿),画至于吴道子,而古今之变,天下能事毕矣。"认为他在绘画上已经达到了最高峰。

吴道子又名道玄,阳翟(今河南省禹州市)人,大约出生于公元680年,卒于公元759年。他的生活经历很坎坷,从小就失去了父母,生活十分贫困。为了养活自己,他打算学一门手艺。起初,他选择了游学,到洛阳向当时的书法名家张旭、贺知章学习书法。但是可惜的是,他最后没有学成,原因不详。接着,他又转而向民间画工学习绘画。由于他学习非常刻苦,加上绘画天分很高,很快就"穷丹青之妙",掌握了绘画的技巧,不到二十岁的时候,就已经很有名气了。

吴道子曾在韦嗣立手下当小吏,后来他又做过兖州县尉。开元初年(713年),吴道子辞去官职,开始"浪迹东洛"。由于他当时在画坛上已经有了名气,唐玄宗就招他入宫,让他担任宫廷画师,"非有诏不得画",并且为他改名道玄。吴道子成为皇帝的御用画师以后,生计问题解决了,不用再到处流浪,可以专心画画了。但是,另一方面,他又受到诸多戒律的制约,不能尽情发挥一个平民画家的所有灵气。当时的都城长安是中国的经济文化中心,很多著名的艺术家从各地聚集到这里,吴道子常常和这些人在一起切磋画艺,交流心得,互相促进。

吴道子一般都在宫里作画,有时候也跟随唐玄宗到各地巡游,在巡游过程中也画了不少传世之作。开元十三年(725年),唐玄宗到泰山封禅,吴道子陪同皇帝前往。唐玄宗封禅完毕之后,大队人马浩浩荡荡地经过潞州(今山西省长治县），过金桥的时候，唐玄宗看到队伍旌旗飘扬，卫兵盔甲整肃，气势非凡，心里非常得意，就招来吴道子、韦无忝（tiǎn）、陈闳，命令他们三人共同绘制《金桥图》。陈闳负责画唐玄宗以及他的座骑，韦无忝负责画马羊等动物，吴道子则负责桥梁、山水、人物、仪仗等。这幅画完成后，受到很高的评价，"时谓三绝"。

开元二十九年（741年），东京洛阳建起宏伟壮丽的玄元皇帝庙，唐玄宗命令吴道子在庙中墙壁上绘制唐玄宗以前的五位唐代皇帝像。吴道子出手不凡，将这几位皇帝画得既有威仪，又有各自特点，十分逼真传神，赢得了无数人的赞扬。天宝八年（749年），唐玄宗为五位先祖加封尊号，这幅壁画就被称为《五圣图》。就在这年冬天，大诗人杜甫来这里游览，看到了吴道子的这幅《五圣图》，他被这幅画深深地打动了，写了一首五言古诗《冬日洛阳城北谒玄元皇帝庙》，诗中称赞了画家的高超技艺。

　　　　画手看前辈，吴生远擅场。
　　　　森罗移地轴，妙绝动宫墙。
　　　　五圣联龙衮，千官列雁行。
　　　　冕旒俱秀发，旌旆尽飞扬。

这几句诗的意思是说：画师们总是尊崇他们的前辈，可吴道子的技艺远远胜过了所有的画师。这寺院墙上的壁画简直是神妙奇绝，景物众多，气势磅礴，惊天动地。五位圣人穿着龙袍，成千的官员依次排列。皇帝们神采奕奕，各种旗帜都像是在迎风飞扬。

很多艺术家都有自己的怪癖，吴道子也不例外，他性格豪爽，喜欢在酒醉时作画，每次作画前，都必须"酣饮"才行。他画画的速度很快，就像一阵旋风，一气呵成。传说他在画壁画中佛头顶上的圆形光环时，不用尺规，一笔而成。天宝年间，唐玄宗忽然开始怀念嘉陵江的秀美山水，就命令吴道子到嘉陵江去写生，回来后将美景绘成图画。吴道子奉命去了嘉陵江，纵情观赏，把这些美丽的风景都深深铭记在心里。回到长安后，唐玄宗问他画得怎样，他说，我没有画草图，把一切都记在了心里。唐玄宗让他把嘉陵江的风光画在大同殿的墙壁上。吴道子没有生硬地罗列嘉陵江的风景，而是将嘉陵江的山水特征提炼出来，一日之内，挥笔而成《嘉陵江山水三百里图》，嘉陵江的旖旎风光跃然墙上，逼真传神，唐玄宗看了赞叹不已。在此之前，擅长画山水画的李思训也曾在大同殿的墙壁上画嘉陵江的山水，虽然画得也

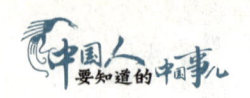

很好，但是却花了数月的时间。唐玄宗感慨地说："李思训数月之功，吴道玄一日之迹，皆极其妙也。"

吴道子擅长画佛像、神鬼、人物、山水、鸟兽、草木、楼阁等，尤其精于画壁画。唐代的佛教和道教都十分流行，宗教艺术也随之发展起来。吴道子曾经在长安、洛阳两地的寺庙中绘制了三百多幅壁画，无一雷同。他画的人物，让人感到"虬须云鬓，数尺飞动，毛根出肉，力健有余"。他画画的时候，常常有数百人围观，随着他的画笔移动，人群中不时发出惊呼声。慈恩寺塔前面的文殊、普贤菩萨，永寿寺中的门神等，都是他的杰作，绝妙无比。这些壁画中的《地狱变相图》是他的代表作，介绍人堕入地狱后受到的种种业报，各种可怕场景惟妙惟肖，使人汗毛耸立，不寒而栗。老百姓观看以后，深受触动，从此一心向善，不敢起犯罪作恶的念头。画的艺术效果如此惊人，足以说明吴道子的画技之高超。

吴道子在绘画上达到了极高水准，他的画风格独特，所画的人物衣服褶皱飘逸，线条遒劲，具有天衣飞扬、满壁风动的效果，被誉为"吴带当风"。他的山水画也开创了一代画风。唐代精于鉴赏的画家张彦远曾高度评价吴道子："因写蜀道山水，始创山水之体，自为一家，其书迹似薛少保。""其书迹似薛少保"，是说吴道子的楷书写得像薛少保。薛少保是指薛稷（jì），薛稷和虞世南、褚遂良、欧阳询并称唐初四大书法家。吴道子经常在壁画上题写相关经文，为了让老百姓看懂，他都用正楷。他的书法水平也很高，"人但知其画，不知其书"。陈怀瓘也称赞他"禽兽山水，台殿草木，皆神妙也，国朝第一"。他在绘画艺术上大胆创新，成就斐然，因此他的作品成为画师们竞相学习

被认定为吴道子作品的《八十七神仙卷》（局部）。这是历代绘画作品中最为经典的宗教画，造型优美，衣带飘扬，具有吴道子绘画中的"吴带当风"的特点

吴道子作品《天王送子图》（宋人李公麟的摹本）。描写佛教始祖释迦牟尼降生以后，他的父亲净饭王和摩耶夫人抱着他去朝拜大自在天神庙，诸神向他礼拜的故事

模仿的榜样。他独创的佛教图像的淡着色，线条富有运动感和节奏的一种更成熟的佛教图像样式。样式，被称为"吴家样"，特点是感，是张僧繇的"张家样"以后

　　为了使绘画艺术后继有人，吴道子还不遗余力地教授弟子，把自己高超的技艺传给他们。根据《图绘宝鉴》和《历代名画记》的记载，他的弟子很多。吴道子对弟子悉心栽培，让他们背诵口诀，研色，临摹他的画稿，依照他的吩咐填染色彩等。有时候，吴道子绘制壁画故意只描一个大概，其余的让弟子来完成，给他们充分的锻炼机会。

　　可惜的是，吴道子的真迹流传下来的很少。他的代表作品公认的是《天王送子图》、《八十七神仙卷》、《孔子行教图》等。现存的壁画真迹有《维摩诘像》、《云行雨施》等。今天所能看到的《天王送子图》为宋代李公麟的摹本，另外还有《少林观音》、《道子墨宝》等摹本，莫高窟第103窟的《维摩经变图》，也被认为是他的画风。

颠张狂素

唐代是历史上一个人才辈出、光辉灿烂的年代，诗歌、书法、歌舞、雕塑等艺术都达到了历史上其他朝代都难以企及的高度，为后世留下了众多杰出的名字和不朽的篇章。唐代的书法艺术异彩纷呈，各领风骚，不仅出现了颜真卿、柳公权这样的楷书大家，也出现了张旭、怀素这样的狂草大师。前两人被称为"颜筋柳骨"，后两人因为书法龙飞凤舞，狂放不羁，被称为"颠张狂素"。

张旭，字伯高，吴（今江苏省苏州市）人，生于唐上元三年（675年），卒于天宝九年（750年）。他做过常熟尉，后来又当过金吾长史，世称"张长史"。他的母亲陆氏是初唐书法家陆柬之的侄女，也就是著名书法家虞世南的外孙女。陆柬之有个儿子叫陆彦远，继承了虞世南的书法家学，写得一手漂亮的王体字，在书坛颇有名气。张旭从小就跟随舅父陆彦远学习"二王"书法，练字十分刻苦，经常废寝忘食，不知疲倦，很快就声名鹊起了。

张旭性格洒脱不羁，豁达大度，是一个很有个性的草书大家。他常常喝得大醉，手舞足蹈，呼叫狂走，然后挥毫写字，甚至写到兴奋处，以头发为笔，蘸墨水书写，令人瞠目结舌，被称为"张颠"。杜甫将张旭列为"饮中八仙"之一，在《饮中八仙歌》中写道："张旭三杯草圣传，脱帽露顶王公前，挥毫落纸如云烟。"从这几句生动的描绘中，可以想见张旭写字时候的狂态。

张旭虽然不拘小节，但在书法技艺的锤炼上却孜孜不倦。他注意观察日常生活中的各种事物，细细揣摩，以期对写字有所启发。他曾经见公主与挑夫争道，又听到鼓吹之音，领悟出草书的意境；他在河南邺县

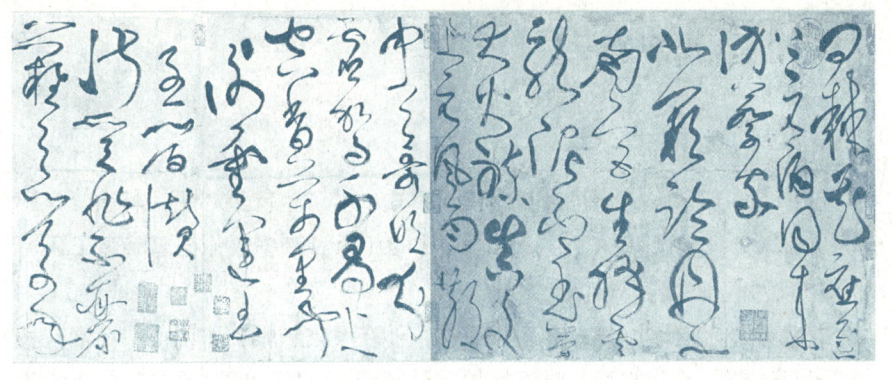

唐代张旭所书的《古诗四帖》（局部）

时看公孙大娘舞剑，体会到草书的神韵。他对书法如此痴迷，只要提起笔来，就浑然忘我，旁若无人，如醉如狂。韩愈曾在《送高闲上人序》中称赞他说："喜怒、窘穷、忧悲、愉佚、怨恨、思慕、酣醉、无聊、不平，有动于心，必于草书焉发之。观于物，见山水崖谷、鸟兽虫鱼、草木之花实、日月列星、风雨水火、雷霆霹雳、歌舞战斗、天地事物之变，可喜可愕，一寓于书，故旭之书，变动犹鬼神，不可端倪，以此终其身而名后世。"

后人谈到唐代的书法，对欧阳询、虞世南、颜真卿、柳公权等人均有褒贬，但是却对张旭众口一词地赞叹不已。这在艺术史上是空前绝后的，他也因此被尊称为"草圣"。

张旭的书法作品流传下来的有《肚痛帖》、《古诗四帖》等。在《古诗四帖》中，张旭在名贵的五色笺上，以他狂放的风格，纵情书写了南北朝时期两位著名诗人谢灵运与庾信的四首古诗。这幅作品落笔有力，笔画连绵不断，行笔婉转自如，一气呵成，给人以酣畅淋漓之感，体现了草书的奔放之美，堪称完美之作。现在收藏于辽宁省博物馆。

张旭的字已经到了"从心所欲不逾矩"的程度，他的字虽然癫狂，却不怪诞，点画用笔完全符合传统规矩。他成功地用传统技法表现出了自己独特的个性，成就远远超过了以前的行草书法家，具有气象万千的盛唐风格。他的书法开一代风气，造诣之高，影响之大，无人可比。著名书法家颜真卿为了向他学习书法，两次从长安赶到洛阳，向他请教笔法。在颜真卿的书法论著《述张长史笔法十二意》中，详细记录了张旭从用笔、章法到境界等一系列精辟独到的见解。在张旭的指导和影响下，颜真卿最终也成了一代书法大家。

唐文宗曾经下诏，将李白诗歌、裴旻（mín）剑舞、张旭草书称为"三绝"。张旭的诗也颇有成就，以七绝见长，他和贺知章、张若虚、包融并称为"吴中四士"。

在唐代，还有一个和张旭齐名的草书大家，他就是怀素。怀素（725年—785年），字藏真，俗姓钱，永州零陵（今湖南省永州市零陵区）人，幼年出家为僧，取名怀素。

怀素从小就聪明好学，热衷于草书，他在《自叙帖》里说："怀素家长沙，幼而事佛，经禅文暇，颇好笔翰。"怀素勤奋好学的事迹在历史上流传不衰。据说他因为穷，买不起纸来练字，就想了个办法，在寺院附近的荒地上种了很多芭蕉树，等它们长大以后，摘下芭蕉叶当纸张，日夜临帖练字。由于怀素不分白天黑夜地勤奋练字，芭蕉叶的生长速度远远跟不上他的练字需求，怀素就干脆带着笔墨站在芭蕉树前，直接在叶子上书写，写满一片，就换另一片。无论是炎炎夏日还是数九寒天，从来没有间断过。他还用白漆涂在木板上当做纸来写字，天长日久，木板都写穿了。他写坏的笔头也很多，堆在一起，埋入地下，称为"笔冢"。

怀素性情狂放，虽然身在寺庙，却无心修行，蔑视清规戒律，饮酒吃肉，结交名士，过着随性自在的生活。他和张旭一样喜欢喝酒，每当饮酒到酣畅处，不管身在何处，不分墙壁、衣物，任意挥毫书写，当时的人称他为"醉僧"。当时很多名流都喜欢跟他来往。唐代文学家任华有诗写道："狂僧前日动京华，朝骑王公大人马，暮宿王公大人家。谁不造素屏？谁不涂粉壁？粉壁摇晴光，素屏凝晓霜。待君挥洒兮不可弥忘，骏马迎来坐堂中，金盘盛酒竹叶香。十杯五杯不解意，百杯之后始癫狂……"

怀素以"狂草"闻名于世，"运笔迅速，如骤雨旋风，飞动圆转，随手万变，而法度具备"，达到了"忽然绝叫三五声，满壁纵横千万字"的境界。他的草书作品很多，有《自叙帖》、《苦笋帖》、《食鱼帖》、《清净经》、《圣母帖》、《论书帖》、《千字文》、《四十二章经》等。其中《食鱼帖》字体极其瘦削，风骨强健，而他的代表作《自叙帖》则体现出另外一种风格，通篇为狂草，笔笔如椎划沙盘，纵横斜直无往不收，上下呼应如疾风骤雨，可以想见当初作者挥毫时的豪气干云、挥洒自如之态。这篇作品现在藏于台北故宫博物院。他晚年时的作品《小草千字文》又从狂风骤雨转到平和淡雅，收敛了壮年时的锐气，笔势更加苍劲朴实，是从绚烂之极回

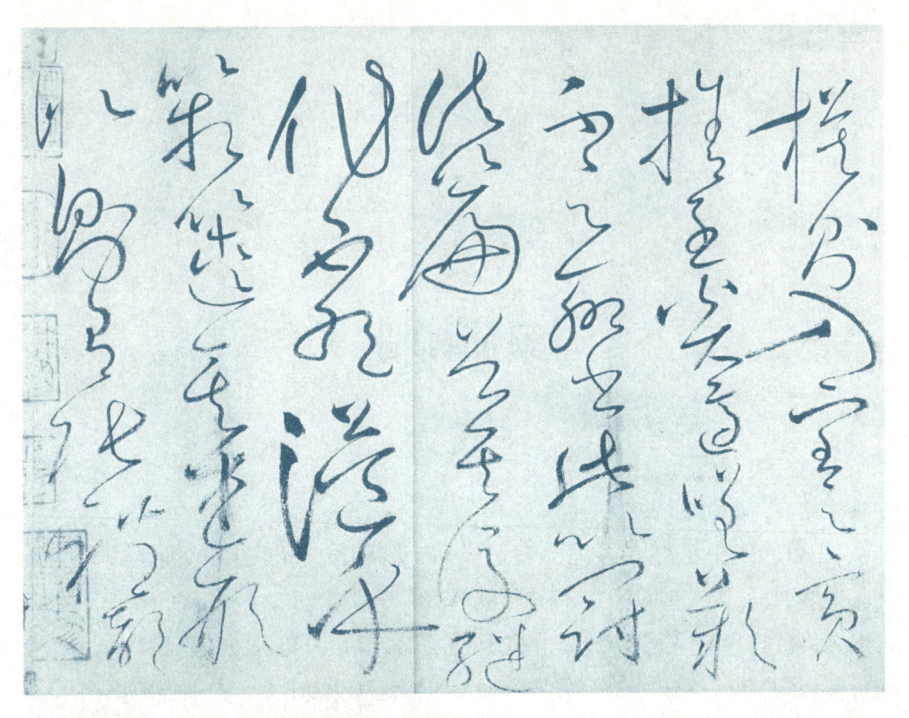

怀素所书的《自叙帖》

归平淡之作，被历来的书法家所看重。

　　怀素的书法被无数人所推崇，北宋著名书法家米芾在《海岳书评》中描述怀素写字时的神态说："怀素如壮士拔剑，神采动人，而回旋进退，莫不中节。"而大诗人李白则干脆写了一首《草书歌行》来表达对怀素书法的敬仰。

少年上人号怀素，草书天下称独步。
墨池飞出北溟鱼，笔锋杀尽中山兔。
八月九月天气凉，酒徒词客满高堂。
笺麻素绢排数箱，宣州石砚墨色光。
吾师醉后倚绳床，须臾扫尽数千张。
飘风骤雨惊飒飒，落花飞雪何茫茫！
起来向壁不停手，一行数字大如斗。
怳怳如闻神鬼惊，时时只见龙蛇走。
左盘右蹙如惊电，状同楚汉相攻战。
湖南七郡凡几家，家家屏障书题遍。
王逸少，张伯英，古来几许浪得名。
张颠老死不足数，我师此义不师古。
古来万事贵天生，何必要公孙大娘浑脱舞。

颜筋柳骨

在唐代的书法名人录里，有这样两个闪闪发光的名字：颜真卿和柳公权，他们并称为"颜柳"，有"颜筋柳骨"的美誉。

颜真卿，生于公元709年，卒于公元784年（也有说法是785年），字清臣，京兆万年（今陕西省西安市）人，祖籍琅琊临沂（今山东省临沂市）。颜真卿为琅琊氏的后裔，家学渊源，是世代书香之家。他的六世祖颜之推是北齐的著名学者，著有《颜氏家训》。

颜真卿小时候家里穷，无钱买纸，他就用笔蘸了黄土水在墙上练字。刚开始他学褚遂良，后来又向"草圣"张旭学习。张旭是唐代数一数二的书法家，各种字体都写得很好，草书尤其绝妙，在当时的名气非常大。颜真卿拜师以后，希望在名师的指点下，很快登堂入室，成为书法高手。但是张旭只是简单地给颜真卿介绍了一些名家字帖，让他临摹，有时候还带他出去游山玩水。几个月过去了，颜真卿觉得自己进步不大，他怀疑是老师没有把写字的秘诀告诉自己，就鼓起勇气跟张旭说："学生来了这么久，想请老师传授书法秘诀。"张旭不紧不慢地说，学习书法，一要勤学苦练，二要有所领悟，这些我都已经告诉你了啊。他接着给颜真卿讲了书圣王羲之的儿子王献之刻苦练字的故事，最后总结道："学习书法的秘诀就是勤学苦练。你要牢牢记住，不下苦功的人，决不会学好书法。"颜真卿明白了。从此，他踏踏实实地刻苦练字，观察自然，从日常事物中领悟运笔要诀，字写得一天比一天好。

颜真卿兼收并蓄，最后形成了自己独特的风格，创立了"颜体"，树立了唐代的楷书典范。他的楷书丰腴雄浑，气势恢宏，一反初唐时瘦硬的笔风，体现出繁荣昌盛的大唐气象。欧阳修曾说："颜公书如忠臣烈士，道德君子，其端严尊重，人初见而畏之，然愈久而愈可爱也。其见宝于世者不必多，然虽多而不厌也。"现代著名史学家范文澜先生在《中国通史简编》中也高度评价说："初唐的欧、虞、褚、薛，只是二王书体的继承人。盛唐的颜真卿，才是唐朝新书体的创造者。"

颜真卿和那个时代的其他学子一样，通过科举道路走上了仕途。他于开元二十二年（734年）中了进士，曾经四次被任命为御史，但是因为受到当时的权臣杨国忠的排斥，被贬到平原（今属山东省陵县）当太守，被人称为"颜平原"。唐肃宗时他官至御史大夫。唐代宗时官至吏部尚书、太子太师，被封为鲁郡公，人称"颜鲁公"。

唐代佛教和道教盛行，颜真卿原本就熟悉佛道文化，安史之乱以后，他与僧侣、道士的交往更是明显增多，他的创作也和宗教活动紧密相关。他初到临川，就为道士谭仙岩写《马伏波语》。大历四年（769年）正月，他派人到华盖山寻访晋代道士的修道遗迹，重修两位真君的神坛，并且亲自撰写了《华盖山王郭二真君坛碑铭》。同年三月，他又寻访临川晋代女道士魏华存的仙坛遗迹和井山华姑仙坛，撰写了《魏夫人仙坛碑铭》和《华姑仙坛碑铭》。

他在抚州做官期间，勤奋创作，并于大历六年（771年）将自己的诗文编成《临川》集十卷。可惜如今此书已经散佚，只留有限几篇，其中的《抚州南城县麻姑山仙坛记》最为有名。这篇文章用小楷刻在石碑上，竖立在麻姑山仙都观里，后人又在石碑的背面镌刻了卫夫人、褚遂良、虞世南、欧阳询、柳公权等人的楷书，这块碑被历代书法家誉为"天下第一楷书"，成为临摹范本。

除此之外，颜真卿还有很多书法作品，如《东方朔画赞》、《祭侄文稿》、《多宝塔碑》、《中兴颂》、《颜家庙碑》、《争座位帖》等。其中

唐代颜真卿所书的《争座位帖》

《争座位帖》是行草书，一气呵成，虎虎有生气，显示了作者刚直不阿的性格。这个帖子满纸郁勃之气，是书法史上的名作，与《兰亭集序》合称"双璧"。这幅书法作品来源于一次座次之争。

天宝十四年（755年）冬天，节度使安禄山发动叛乱。颜真卿联合从兄颜杲（gǎo）卿率兵抵抗，被推为盟主。他坚守平原城，有效地牵制了叛军，为朝廷的军队平定安史之乱做出了重大贡献。战争结束后，他被任命为刑部尚书。一次，在安史之乱中立下大功的郭子仪来长安朝见唐代宗，皇帝设宴欢迎。负责安排座次的官员郭英义，为了讨好得宠的太监鱼朝恩，竟然违反朝廷礼法，将官职高的尚书们的座位排在鱼朝恩之后。颜真卿十分气愤，宴会结束后，他提出了强烈抗议。回到家，他奋笔疾书，写下了《与郭仆射论座位书》，义正辞严地斥责了鱼朝恩的罪责和郭英义的无耻。这封信写得气势不凡，淋漓尽致，从此成为他的书法代表作之一。唐德宗兴元元年（784年），淮西节度使李希烈也发动叛乱，奸相卢杞和颜真卿不和，趁机害他，派他前去劝说，结果颜真卿被李希烈缢死。

柳公权（778年—865年），字诚悬，京兆华原（今陕西省铜川市）人，曾经做过太子少师，人称"柳少师"。他出身于官宦家庭，衣食无忧，但他小时候字写得很糟，经常受到师傅和父亲的训斥。柳公权很要强，他暗暗下定决心要练好字。他日夜苦练，终于写得像模像样了，小伙伴开始羡慕他，老师开始夸奖他，父亲也开始冲他微笑，他开始暗自得意。有一天，他和几个小伙伴在村头的大树下摆了一张方桌，举行书法比赛。一个卖豆腐脑的老头经过这里，好奇地凑上来看。柳公权得意地递过自己写的字让老头看，老爷爷，你看我写得好不好？老头看了字，沉吟了一会说，这字好像我担子里的豆腐脑，软塌塌的，没有筋骨，这还值得夸耀？柳公权很不服气，拉着老头要见识一下他的书法。

老头大笑两声，站起来说，我是一个粗人，不会写字，不过，有人用脚都比你写得好，不信你去京城里看看。

柳公权将信将疑，第二天，他真的一大早起来去京城了。果然，他看到一棵大槐树下有个失去双臂的老头，左脚压住铺在地上的纸，右脚夹起一支笔，挥毫写字，挥洒自如。他的字龙飞凤舞，围观的人不时发出惊叹声。柳公权这才知道自己像个井底之蛙，见识浅陋。他向这个无臂老人请教，老人说，我磨墨练字用了八缸水,在池子里洗笔把池水都染黑了。柳公权恍然大悟,从此开始发奋练字。他广泛学习各个书法大家的长处,还经常观察飞鸟游鱼,从中体会用笔的道理。他一生都在不断进步,直到晚年,还在刻苦练习,一直到八十八岁去世为止。

柳公权在书法艺术上取得了很大成就,同时在仕途上也走得顺风顺水。他在三十一那年考中进士,从此开始了漫长的仕途生涯,前后竟然历经七朝:唐宪宗、唐穆宗、唐敬宗、唐文宗、唐武宗、唐宣宗、唐懿宗。他的仕途很顺利,各朝皇帝都喜欢他的书法和诗才,除了短暂在外地任职,他这一生基本上都在京城陪伴着皇帝,为皇亲国戚和王公贵族书写碑文。这种养尊处优的生活反映在他的书法中,就是他的书法缺少波澜壮阔的气势。

柳公权初学书法时,以王羲之为师,后来又向颜真卿学习,他的楷书有独特的个性,骨力遒健,体势劲媚,有"柳体"之称。他的字颇负盛名,在民间有"柳字一字值千金"的说法。书法作品往往反映着书法家的个人气质,柳公权的书法一如其人,字体严谨,一丝不苟。唐穆宗曾经向柳公权请教说:"你的字写得刚劲有力,我却总是练不好,这其中有什么诀窍呢?柳公权心想,早就听说皇上整天沉溺于享乐,不理朝政,正好借这个机会劝劝皇帝。于是他回答说:"用笔在心,心正则笔正。"

柳公权的书法作品流传下来很多,有墨迹《送梨帖题跋》等,碑刻有《金刚经碑》、《玄秘塔碑》、《神策军纪圣德碑》、《魏公先庙碑》、《高元裕碑》、《冯夫人墓志》等。他的书法师从多人,从颜真卿书法中获益最多。他学习了颜体的严谨法度、雄媚书风,并且推陈出新,创立了自己的风格,成为和颜真卿并驾齐驱的书法大家。

唐代柳公权所书的《送梨帖题跋》

琵琶圣手段善本

公元5世纪前后，琵琶从西域沿着丝绸之路传入中原，最后成为华夏十分流行的民族乐器。唐代是琵琶艺术发展的一个繁荣阶段，上至王公贵族，下至平民百姓，都十分喜爱琵琶。在繁华的都城和荒凉的边陲，到处可闻琵琶声。琵琶伴随着人们的生活，成为唐代文化的重要组成部分，这在唐代诗歌中有充分的体现。

唐代著名诗人王昌龄、李白、刘禹锡等人的诗歌中多次出现过琵琶，如"琵琶一曲肠堪断，风萧萧兮路漫漫"（岑参《凉州馆中与诸判官夜集》），"琵琶起舞换新声，总是关山旧别情"（王昌龄《从军行》）等。唐代白居易的著名长诗《琵琶行》，描写了一个曾在京城阅尽繁华的琵琶女的高超技艺，用多种手法惟妙惟肖、淋漓尽致地展现了琵琶优美独特的艺术表现力，成为后世传颂不衰的经典。在这首诗中，琵琶的声音化为急雨、流水、莺啼等可感的形象："轻拢慢捻抹复挑，初为霓裳后六幺。大弦嘈嘈如急雨，小弦切切如私语。嘈嘈切切错杂弹，大珠小珠落玉盘。间关莺语花底滑，幽咽泉流冰下难。冰泉冷涩弦凝绝，凝绝不通声暂歇。别有幽愁暗恨生，此时无声胜有声。银瓶乍破水浆迸，铁骑突出刀枪鸣。曲终收拨当心画，四弦一声如裂帛。东船西舫悄无言，唯见江心秋月白。"另一个诗人王维甚至自己就精通音律，是出色的琵琶高手。

琵琶不仅在娱乐生活中占据着重要位置，在迷信活动中也不可或缺。当时民间的占卜活动中，琵琶能预测吉凶，即"跳脱看年命，琵琶道吉凶"。盛唐时长安崇仁坊的一个老婆婆就善于用琵琶来占卜，每次占卜吉凶前，都先要一把琵琶。她的预言十分灵验，来请教她的人络绎不绝。诗人王建的《赛神曲》中也有"男抱琵琶女作舞，主人再拜听神语"这样的

明代吴伟所绘的《琵琶美人图》

句子，这说明在赛神活动中也有琵琶的参与。

　　唐代还涌现了很多动人的琵琶作品，如《六幺》、《凉州》等。《六幺》又名《绿腰》、《录要》，原来是唐代大曲，琵琶名家康昆仑将它改编为琵琶曲。《凉州》由《凉州大曲》改编而成，原本是正宫调（燕乐宫声七调的第一运），也是康昆仑将它改成了黄钟宫（燕乐宫声七调的第七运）的琵琶独奏曲，在当时流传很广。

　　在这样的大环境下，涌现了很多弹奏琵琶的高手，历史文献上记载的有段善本、曹刚、裴神符、康昆仑、雷海青等，段善本就是众多琵琶名家之中的佼佼者。

　　段善本的生卒年月不详，我们现在只知道他大概活动在唐德宗贞元年间，也就是785年至805年之间。他是庄严寺的一个和尚，平日韬光养晦，并没有什么人知道他，一个偶然的机会使他名扬天下。

　　根据历史记载，贞元年间，长安大旱，很多庄稼都干死了。唐德宗担忧民生，寝食难安，于是下诏在南市设坛祈雨。当时的祈雨活动十分丰富，除了僧人诵经祈祷以外，还有天门街的乐器擂台赛。当时街东的百姓搭起彩楼，请著名的宫廷乐手康昆仑登台献艺。康昆仑这个人来头很大，他善于弹奏琵琶，号称天下第一手，水平自然是毋庸置疑的，一曲翻新的羽调《绿腰》弹得无比精彩，观众掌声雷动，一片喝彩声。看起来是街东必胜无疑了，然而事情却出人意料。街西搭起的彩楼上突然缓缓走出一个女郎，怀里抱着琵琶，柔声细语地说，我也弹《绿腰》，用枫香调。听众闻言一惊，因为这个调比羽调更难，这不是明摆着要向国手挑战吗？面对着台下观众将信将疑的目光，女郎气定神闲，"及下拨，声如雷，其妙入神"。康昆仑听了惊骇不已，自叹不如，得意的神情马上收敛了，他这才知道天外有天，山外有山，世上果真有深藏不露的高人。好在他也是一个谦虚而上进的人，马上跑过来要拜女郎为师。女郎笑了笑，退入后台，换了衣服重新出来和他相见。康昆仑一见之下，惊得合不拢嘴，原来这个女郎竟是一个和尚，他正是乔装改扮的庄严寺和尚段善本。西街的百姓知道康昆仑技艺高超，要胜过他很难，听说城外的庄严寺有一个和尚是琵琶高手，当地几个豪绅就带了厚礼前去请这个和尚男扮女装登台表演，击败康昆仑。

这事很快就像长了脚一样在长安城内传开了,并且越传越神,这个段和尚被描绘成了一个神秘高手。唐德宗听说了这件事,马上召段善本入宫,加以赏赐,并且让康昆仑弹奏一曲。段善本听完以后说了一句:"本领太杂,兼带邪声。"意思是说,康的演奏太杂乱,而且带有邪声。康昆仑大惊失色,拜倒说:"段师神人也。"他坦率承认,少年时初学琵琶,邻居曾教过他一品弦调,后来他又陆续跟几个不同的师傅学过艺,没想到师傅连这都能听出来,真令人佩服得五体投地。唐德宗下诏让段善本教授康昆仑,段善本却提出了一个建议:"请昆仑不近乐器十数年,忘其本领,然后可授。"根据《乐府杂录》的记载,他的建议被接受了,后来,他从基础技法开始传授康昆仑技艺,使康"尽段之艺"。这个故事中的"十年之期"并不可考,可能被夸大了。

唐德宗李适像

根据史料记载,段善本的琵琶使用皮制弦,这种弦发音洪亮,但是不易弹响。开元年间,著名的宫廷乐师贺怀智试着弹他的琵琶,结果将拨子弹坏也弹不响。这说明段善本的腕力很强,一般人根本比不了。段善本不仅善于弹奏琵琶,还善于作曲。据说,西凉府都督郭知运向皇帝进献了《凉州曲》,段善本依据此曲改编成《西凉曲》,后来他把这首曲子传给了康昆仑。这个曲子又叫《道调凉州》,也叫《新凉州》,经常在宫内演奏,可惜现在已经失传。

段善本除了康昆仑这个得意弟子外,还培养了数十名琵琶高手,其中有个叫李管儿的尤其出色。唐代诗人元稹的《琵琶歌》中说:"段师弟子数十人,李家管儿称上足。"这个李管儿不爱做官,在洛阳闲居,深居简出,很少炫耀自己的琵琶技能,因此知道的人很少。元稹和李管儿有过交往,聆听过他的演奏，佩服不已，那首诗《琵琶歌》就是专门夸赞李管儿的。里面有一段的意思是说，他听了《无限曲》，既高兴又惊奇。管儿的技艺竟然如此高明，他为我这个知音人流下了眼泪，只要弹这首曲子他就感到悲伤。眼泪落到琵琶上，浸湿了和弦，使弹出的乐声像呜咽的冰冷的泉水和凄涩的莺啼。因此他改弹凄苦的乐曲《雨霖铃》，这时好像是风雨萧条的夜晚，鬼神悲伤地哭泣。

　　琵琶在唐代获得如此大的成就，与国家的繁荣昌盛、政治上的开明稳定、文化的发展交流、高昂的民族精神是分不开的。段善本作为琵琶艺术史上的著名高手，为琵琶艺术在唐代的进一步发展，做出了很大贡献。

韩干画马

提到画家徐悲鸿，大家都耳熟能详，他画的马融合了中西技法，刚劲矫健，形神俱备，在画坛上赫赫有名。在唐代，也有一个善于画马的画家，他画的马栩栩如生，像能跑动一样，这个画家就是韩干。

唐代国力昌盛，承平日久，文化有了很大发展，绘画艺术也达到了历代以来的最高峰，不但名家辈出，而且百家争鸣，百花齐放，形成了各种流派。有的画家善于画佛像，如阎立本、吴道子；有的画家善于画动物，如戴嵩、韩干等。

韩干是蓝田（今陕西省西安市）人，生卒年月不详。他出生在一个贫苦之家，少年时在一个酒馆当雇工。有一次，韩干给诗人王维府上送酒，正好王维有事外出，韩干只好等着。他东张西望，百无聊赖，看到院子里有马，就拿起一根树枝在地上随便画了一些马的动态。王维回来后，看到韩干画在地上的马线条生动，颇有几分神韵，看出韩干非凡的绘画天分，于是动了爱才之心，推荐他去著名画家曹霸那里学画画，并且提供了经济资助。曹霸的诗文和绘画俱佳，当时的人称赞他"文如植武如操字画抵丕风流"。韩干很珍惜这个来之不易的机会，跟随老师刻苦学画，十来年之后，学有所成，成为一个著名画师，肖像、人物、鬼神、动物都画得很好，尤其擅长画马。

韩干因为画马而出名，被唐玄宗李隆基召入宫中封为"供奉"，专门侍奉皇亲国戚，为他们画马。他还向宫中的画马名家陈闳学过画，但是进步不大。陈闳也是曹霸的学生，他传承了师傅的画马风格，画出的马瘦削有力。韩干不想跟在师傅后面亦步亦趋，他经过总结和思考，改变了只临摹不写生的画法，经常到皇家马厩里观察马的形态和习性。

唐玄宗喜欢骏马，到处搜罗良马。当时唐朝和外国的交流很频繁，外国的名马因为边关开放而源源不断地进入京城，唐玄宗命人将这些好马与国内的宝马一起送到皇宫，因此皇家马厩中养了很多高头骏马，个个筋骨强健，神态不凡，为韩干提供了很好的观察条件。韩干时时出入马厩观察，后来他干脆搬到马厩里和养马人一起住，这样就能日夜观察马的动态，对马的体貌更加熟悉。时间长了，马在静止、吃食、奔跑、嘶鸣时的各种情态他都了然于胸，在下笔的时候就成竹在胸，画出的马活灵活现，仿佛真马一样。他用笔简练，很少渲染，画出的马骨肉均匀，线条有力，质感很强，恰到好处地表现出骏马的风骨和气势。

唐玄宗看到韩干画的马和陈闳画的马大不相同，就问他为何。韩干从容地回答皇上说，臣有自己的老师，何必临摹陈闳的。唐玄宗惊讶地问，你的老师是谁？韩干说，马厩里的马就是臣的老师，臣经常去马厩观察马的神态，是照真马的样子画出来的。这说明韩干已经意识到，画马的诀窍在于认真研究生动的实物，而不是闭门造车，凭着想象画画。

根据《唐朝名画录》等书记载，韩干下笔前十分慎重，他首先要按天干地支考虑时间和方位，然后才构思马的骨架、神态，态度十分严谨。后世的画家认为他的画能够表现马的魂魄，并不是过誉之词。

韩干的作品有《姚崇像》、《安禄山像》、《玄宗试马图》、《宁王

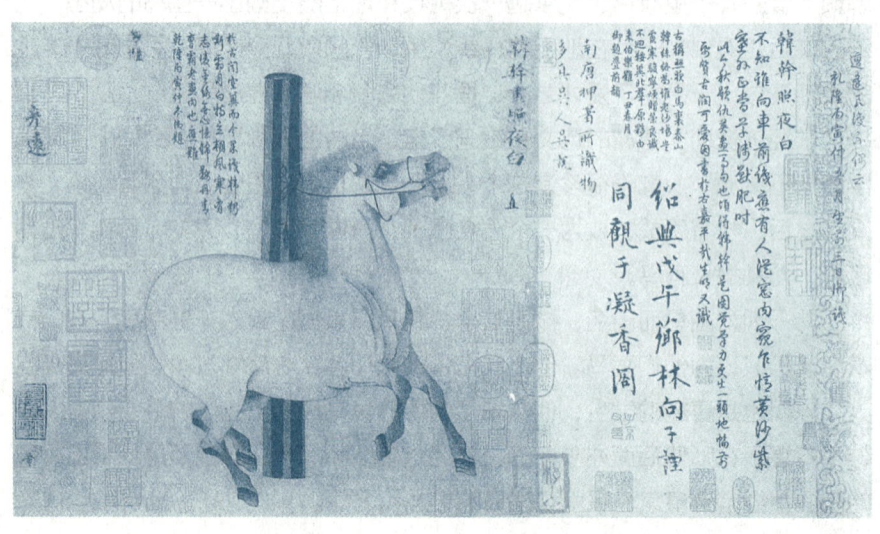

唐代韩干所绘的《照夜白图》

调马打球图》、《照夜白图》、《牧马图》、《八骏图》等。其中《牧马图》和《照夜白图》是他的代表作。

《牧马图》里，一个胡人骑在马上，控制着黑白两匹马，人物和马都十分生动，旁边还有宋徽宗题的"韩干真迹"和"丁亥御笔"八个字。此画现在藏于台北故宫。

唐代韩干所绘的《牧马图》

《照夜白图》也是韩干流传下来的名作之一。照夜白，顾名思义，就是马的毛色很白，甚至能把黑夜照亮。唐朝时中原与西域关系密切，常常和亲联姻，唐玄宗为了巩固边防，将义和公主嫁给了大宛国王，国王则向他进献了两匹珍贵的汗血宝马。唐玄宗为这两匹马分别取名玉花骢（cōng）和照夜白，照夜白陪伴唐玄宗很久，是他最喜欢的坐骑。画中的照夜白浑身圆滚，体态肥壮，动作矫健，虽然被拴在马柱上，却仰首嘶鸣，扬蹄欲奔，像要破纸而出。根据专家的考证，这匹马的前半身为真迹，后半身为后人所补，马尾巴已失。图上的题跋和印鉴很多，有南唐后主李煜所写的"韩干照夜白"五个字，也有唐代著名画家张彦远所写的"彦远"二字，此外还有元代危素等十一人的题跋。此画现在由美国大都会艺术博物馆珍藏。苏轼曾在《韩干马十四匹》中说：韩生画马真是马，苏子作诗如见画。明僧宗衍也在《题韩干画马图》中称赞说：若问"唐朝画马谁第一"，唯有"韩干妙出曹将军"。

韩干摆脱了传统的画马技法，形成了自己笔下的马圆润肥壮的特点，但是大诗人杜甫却认为瘦马才能体现出马的风骨，他批评说"干惟画肉不画骨"。这个观点遭到绘画理论家张彦远的反驳，他在《历代名画记》中指出杜甫批评失当。

　　韩干画马的技艺到了出神入化的地步，受到世人的推崇，人们以无限敬仰的心情，编出了各种故事来渲染他的画技。

　　唐代画史记载，韩干画马的名声越传越远，连阴间的鬼神都知道了。韩干在家闲居时，忽然有一天，一个穿戴诡异的人来找他。韩干见这人身穿朱红色衣服，头戴黑色帽子，形貌颇似阴间的小鬼，就问他来干什么。这个人回答说，我是阎王手下的鬼差，常常长途跋涉执行公务，不胜劳累，想请先生为我画一匹马代步。韩干答应了。鬼使走后，他画了一匹马，用火焚烧掉，送给这个鬼差。过了几天，韩干在外面遇到一个骑马人远远地向他作揖打招呼，感谢他说："多亏您送了我一匹好马，免除了我翻山过河的跋涉之苦。"第二天，有个陌生人送了一百匹上好的素色细绢给韩干。韩干知道是那个鬼差的谢礼，就爽快地收下了。

　　关于韩干的马的故事甚至延伸到了后代。宋仁宗当政期间，有官员到江南公干，回来的途中经过长江渡口，正当他要乘船渡江时，忽然江上狂风大作，波浪汹涌，根本无法行船。官员无奈在江边住了下来。但是一连等了三天，风浪不停，仍然无法渡江。他以为自己触犯了什么神灵，就去江边的庙里烧香拜佛，祈求神佛保佑。当天夜里，官员果然得到了反馈，他做了一个奇怪的梦，梦中有个神仙模样的人告诉他，如果把他随身携带的韩干的马图留下，江上的风浪马上停息，立即可以渡江。官员这才恍然大悟，他从行李中拿出韩干的画，忍痛献给了庙里。果然，江面上很快风平浪静。

　　韩干画的马如此精妙，难怪被世人甚至神仙鬼怪所喜欢，以至于想尽办法也要得到，这是对一个画家的最高赞美。他画的马被誉为"唐马"，对后世影响很大。

茶神陆羽

我国饮茶的历史源远流长，劳动人民很早就开始种植和采摘茶叶。西汉年间的《神农本草经》中有这样的记载："神农尝百草，日遇七十二毒，得荼而解之。"这里的"荼"据考证就是古代的茶，大意是说，传说中的炎帝亲口尝过百草，一天之内多次中毒，幸亏得到茶叶才解了毒。从中可以看出，人们很早就发现了茶并加以利用。唐代以前，茶树的种植并不普遍，产量也有限，只有少数王公贵族或者绅士名流才有饮茶的习惯，属于统治阶级的生活享受。到了唐代，社会政治、经济、文化全面发展，国家日益繁荣昌盛，江淮以南地区开始大面积种植茶树，茶叶产量大大提高，逐渐走入寻常百姓家，成为广大人民日常生活的一部分。唐朝前后，饮茶的习惯开始传入外国，被欧美人认为"无疑是东方赐予西方的最好礼物"。

在唐代饮茶之风兴起的过程中，陆羽及其《茶经》，起到了巨大的推动作用。

陆羽（733年—804年），复州竟陵（今湖北省天门市）人，字鸿渐，号竟陵子、桑苎翁、东冈子，又号"茶山御史"。他一生爱茶，精于茶道，著有世界上第一部茶叶专著《茶经》，被誉为"茶神"、"茶圣"。但不幸的是，和很多历史名人一样，陆羽也有一

《饮茶图》。表现唐宋时期贵族妇女饮茶的情形

个坎坷曲折的童年。根据《新唐书》和《唐才子传》的记载，陆羽因为相貌丑陋，竟然在开元二十一年（733年）被亲生父母抛弃，后来被竟陵（今湖北省天门县）龙盖寺的主持智积禅师在西湖边捡到，带回寺中抚养。陆羽长大一些之后，用《易经》来给自己占卜，占得"渐"卦，卦辞说："鸿渐于陆，其羽可用为仪，吉。"意思是，鸿雁在天上飞，四方都是通途，它的两只翅膀翩然扇动，动作整齐有序，可供效法，为吉兆。于是他就根据卦辞姓"陆"名"羽"，字"鸿渐"。陆羽在二十九岁时为自己写了小传《陆文学自传》，应该是最翔实可靠的资料，里面说："字鸿渐，不知何许人，有仲宣、孟阳之貌陋，相如、子云之口吃。"这个"不知何许人"，听起来颇有几分心酸。里面提到的仲宣、孟阳分别为三国时的王粲、晋朝的张载，皆相貌丑陋；相如、子云分别为汉代的司马相如、扬雄，皆有口吃病。

陆羽虽然是个弃儿，但是智积禅师的出现改变了他的命运。他在寺庙中与青灯黄卷为伴，学习文字，诵读佛经，还学会了煮茶水。九岁时，智积禅师要他抄佛经，陆羽却拒绝了，并且用儒家说法来反问师傅："儒家说，不孝有三，无后为大，出家人能称得上孝吗？"主持听了十分生气，却反驳不了，于是就让他去干脏活累活，以此来惩罚他。陆羽很倔强，他没有屈服，反而更加勤奋地读书，没有纸写字，他就用竹子在牛背上划。主持知道了，生怕他被邪理所引诱，走火入魔，就将他禁闭起来，并且派老年僧人管束。

陆羽很快长到了十二岁，寺庙中刻板枯燥的生活使他十分厌倦，他偷偷逃出了龙盖寺，跑进了外面的繁华世界。他虽然外貌丑陋，说话口吃，但是十分机智幽默，跟一个戏班学演戏，将丑角演得活灵活现，非常成功，受到观众的欢迎。谁都没想到，他的人生之路很快迎来了第二个转折。

天宝五年（746年），河南尹李齐物被贬到竟陵当太守，县令殷勤接风，命令陆羽所在的戏班为太守表演。太守看了陆羽表演的《参军戏》之后，很赏识他，表演结束后单独召见他，赠给他诗书，并且写了推荐信，让他去隐居在火门山的邹夫子那里拜师学习。邹夫子是李太守的至交，学识渊博，隐居在竟陵城外的火门山，在那里教授私塾。陆羽在邹夫子这里受到了良好的教育，培养了扎实的文学素养，掌握了煮茶的技术，泡出的茶甘醇清香，谁喝了都称赞不已。

元代赵原所绘的《陆羽烹茶图》

天宝十一年（752年），陆羽学成下山，辞别邹夫子，开始到处游历，钻研茶事。一路上，他上高山采茶，取泉水品尝，品评各地的茶叶和水质的优劣，做了很多笔记，记录了自己的心得和成果。他淡泊名利，立志于对茶事的研究，《全唐诗》里收录了他著名的《六羡歌》：不羡黄金罍（léi，古代用来盛酒和水的容器），不羡白玉杯，不羡朝入省，不羡暮登台，千羡万羡西江水，曾向竟陵城下来。

上元元年（760年），他来到苕溪（今浙江省湖州市吴兴区），在山中选了一个僻静之地隐居，开始专心写那本千古流传的《茶经》。写作期间，他常常独自到野外采茶觅泉，诵经吟诗，来往徘徊，一直到天黑才哭泣而归，当时人称之为"楚狂接舆"。

《茶经》共十章，七千多字，分为上、中、下三卷。十个章节分别为：一之源，二之具，三之造，四之器，五之煮，六之饮，七之事，八之出，九之略，十之图。

一之源，讲茶的主要产地、土壤气候等生长环境以及茶的性能；二之具，讲制作加工茶叶的工具；三之造，讲茶的制作过程；四之器，讲煮茶和饮茶使用的器皿；五之煮，讲煮茶的过程和技术；六之饮，讲饮茶的方法；七之事，讲中国饮茶的历史；八之出，讲全国四十多个州的产茶情形，并将其中的产茶圣地分出等级；九之略，讲何种情况下饮茶的器具应该完备或者有所省略，野外饮茶可从简,但是正式茶宴上,"二十四器缺一则茶废矣"。书的最后,陆羽还提出建议,将以上内容绘成图画,陈挂于茶室,使饮茶更有意境。

在《茶经》中,陆羽对很多茶叶进行了品评,很多茶叶经过他的肯定和赞扬,成为传诸四方的名茶。如浙江长城(今长兴县)的顾渚紫笋茶,被陆羽评为上品,后来就被列为贡茶。

陆羽的《茶经》是唐代及以前的茶叶知识和实践经验的系统总结,宋代陈师道为《茶经》作序说:"夫茶之著书,自羽始。其用于世,亦自羽始。羽诚有功于茶者也!"陆羽的《茶经》写成后,引起轰动,人们纷纷购买收藏,依照里面的方法来采茶、煮茶、品茶,刮起了一阵茶文化旋风。

陆羽生活在安史之乱前后,他曾经随关中难民南下,在长江中下游以及淮河流域游历,考察了大量茶叶种植、制作情况,积累了丰富的品鉴水质的经验,写成《水品》一篇,如今已经失传,只能在其他同代著作中偶然瞥见一鳞半爪。

唐代文人张又新在《煎茶水记》中记载了一个关于陆羽的神奇故事。唐代宗时,湖州刺史李季卿到了维扬(今江苏省扬州市),正好碰到在这里考察的陆羽,就邀请他同行。李季卿和品茶高人在一起,自然要煮茶论道,他听说附近扬子江中心的南零水煮茶甚佳,就命手下人前去取水。这个士卒在回来的路上不小心倾翻了水瓶,水洒出了一半,他懒得重新去取,就偷偷舀取江边的水充数。陆羽尝了一口,立即说:这是江边的水,非江心中的南零水。偷懒的士卒强辩道:"我划着船到了江心,怎么会取江边的水?陆羽不言语,拿过水瓶倒水,倒了一半,他停了手,说,这才是南零的水。这个士卒大惊,跪下来承认自己倾洒了水,把江边的水加进去冒充。李季卿也目瞪口呆,对陆羽近乎神奇的技能佩服得五体投地。他向陆羽请教水的优劣,陆羽说:"楚水第一,晋水最下。"接着,他就口授李季卿记下了一张关于水的品级等次的名单。

陆羽认为庐山康王谷水帘水为第一,无锡惠山寺石泉水第二,蕲州兰溪石下水第三。他们刚刚取过的扬子江南零水排在第七。山中瀑布之水在名单中也占有一席之地,洪州西山西东瀑布水排第八,天台山西南峰千丈瀑布水第十七。排在最后一名的是雪水,用雪不可太冷。

陆羽逝世以后,后人尊他为"茶神"。宋元明清时期,各地卖茶的茶肆中都供奉着他的陶瓷像。

第一部绘画通史——《历代名画记》

《历代名画记》是中国第一部绘画通史著作，共十卷，内容丰富，见解精到，所保存的资料也十分珍贵，堪称绘画"百科全书"，被誉为画史中的《史记》，在中国绘画史上有里程碑式的意义。

这本巨著的作者是张彦远（815年—907年），字爱宾，蒲州猗氏（今山西省临猗县）人。他出身于宰相世家，高祖张嘉贞、曾祖张延赏、祖父张弘靖都曾经当过宰相，被时人称为"三相张氏"。他的父亲张文规，也官至殿中侍御史。张彦远本人也曾经任左仆射补阙、尚书祠部员外郎、舒州刺史、大理寺卿等。他家在洛阳，"旧宅在思顺里，亭馆之丽，甲于都城"，是一个典型的世代簪缨（簪缨指头簪和束发的璎珞，古代达官贵人的冠饰；世代簪缨指接连几代都做高官）、钟鸣鼎食的官宦之家。张彦远虽然有优越的家庭环境，却并不像一般的世家子弟一样，沉醉于声色犬马之中，他潜心学习，不仅知识渊博，而且书画俱佳。

对张彦远产生直接影响的，是他的祖父张弘靖和父亲张文规。张弘靖的书法学魏晋人，初学钟繇，后来学王羲之，再改学王献之，"书体三变，为时所称"。张家世代喜欢收藏书画，到张弘靖这一代时，"家聚书画，侔（móu，相等）秘府"，即是说，他家收藏的书画名品规模，几乎可以与皇家秘府的收藏媲美。张家的丰富收藏连皇帝都起了觊觎（jì yú，希望得到不该得到的东西）之心，元和十三年（818年），唐宪宗居然下诏索要张家收藏的名家书画。张弘靖哪里敢违抗圣上的命令，只好忍痛将这些珍品一一进献。到张彦远懂事的时候，张家收藏的书画已经"十无一二"了。尽管如此，书香世家的家学渊源却并未随着书画的减少而失去，张彦远从小耳濡目染，培养了对书画的浓厚兴趣。他在自己那本传世名作《历代书画记》中说："爱好愈笃，近于成癖。每清晨闲景，竹窗松轩，以千乘为轻，以一瓢为倦，身外之累，且无长物，唯书与画，犹未忘情。既颓然以忘言，又怡然以观阅。"这段话生动地描绘了张彦远痴迷书画的状态。

张彦远在学习书画的过程中，逐渐感觉到，自古以来的名画法书虽然数量众多，流传下来的也不在少数，但是很多人并没有真正认识到它们的价值。时代变迁和社会动乱使很多名家真迹毁于一旦；很多收藏家缺乏鉴赏收藏知识，不辨真假，致使赝品和珍品混杂；而有些人占有这些艺术珍品只是为了加官晋爵……种种流弊都给绘画艺术的发展带来了极大的阻碍。因此，他萌发了编写一本系统记载历代画家和作品的想法。

在张彦远的《历代名画记》出现以前，历代都有品评书画的著作，后魏孙畅之有《述画记》，唐代裴孝源有《贞观公私画录》，窦蒙有《画拾遗录》，梁武帝等也有过画评，但是张彦远认为这些书"率皆浅薄漏略，不越数纸"，他搜集了大量资料，认真研究、整理了前人的著作，开始了这本超越前人书画评论的规模巨大的绘画史的写作。

经过他的不懈努力，这部著作于大中元年（847年）完成，共十卷，从内容上看，可以分为三部分。一至二卷前两节概述绘画发展流变，二卷后三节和三卷论述鉴别与收藏之沿革，四到十卷为史传部分，记录了自上古至唐末会昌年间三百七十多位画家的传略与评论。

在绘画发展历史部分，张彦远概括了古代绘画传统的形成与演变。卷一说："历代绘画题材，以人物画像为正宗，山水、翎毛、花卉都居其次。晋人顾恺之曾经说过，'画人最难，次山水，次狗马，其台阁一定器耳，差易为也。'"一直以来，画坛对于人物画最为重视，山水只是作为人物的陪衬，魏晋以来的名画，有的人比山还大，比例明显失调；有的则为了陪衬而陪衬，像手臂、手指一样排列一些树和石头，生硬不自然。直到唐代，山水画才兴起，成为独立的一个绘画题材。山水画从吴道子开始改变，到李思训和李昭道时技法已然成熟。

张彦远指出，绘画是一个重要的文化现象，和当时的时代结合十分紧密。他在《叙师资传授南北时代》中指出，衣服、车马、风土人情等，因为年代不同，地域不同，观看绘画时要仔细研究。如果不认真不严谨，即

唐代孙位所绘的《高逸图》（局部）

使是大画家也会闹笑话。例如吴道子画人物，让孔子的学生仲由佩戴着木制宝剑，实际上，木剑到晋朝才有，春秋时候怎么会有呢？又比如阎立本画汉朝的王昭君像，画中的王昭君戴着有披风的帷帽，但是帷帽到唐朝才开始流行，汉代人根本不可能戴！再比如西北游牧民族的衣服、靴子被画在汉族人的画像上；草鞋和麻鞋在北方很少见，却被画在北方的人物上。这种不顾时代背景，不顾地域差别，任意想象的随意做法，是绘画中的一大弊病。张彦远对此进行了毫不留情的批评，并不顾忌对方的名家身份。杜甫曾经用过时的审美眼光指责韩干画的马"干惟画肉不画骨"，张彦远也指出这种看法并不恰当。

他在"论画六法"和"论画体工用拓写"中，对谢赫的"六法论"进行了详细阐述，并做了进一步发挥。他强调要辩证地看待"六法"，要重视形似之外的"气韵"。他十分反对琐碎的描绘："夫画物特忌形貌采章，历历其足，甚谨甚细，而外露巧密。所以不患不了，而患于了，既知其了，亦何必了，此非不了也，若不识其了，是真不了也。"意思是说，"画画时，最忌讳把事物的外貌、纹饰等细节一点一滴都描绘出来，这样尽管很认真仔细，外表也显得工巧细密，但是并非佳作。作品的毛病并不是出在没有把细节画清楚上，而是把细节画得太清楚了，既然很清楚地知道了所观察的对象，又何必很清楚地画出那些细节呢？这样其实就是没有清楚地认识客观对象。"如果不能正确地理解观察对象与表现对象的关系，就不能正确地用画笔来表现。

在鉴赏收藏部分，张彦远叙述了书画鉴藏的历史发展过程及唐代书画鉴藏情况等，同时牵扯到很多具体技术问题，诸如怎样对书画中的印鉴进行辨识验证，书画的装裱以及复制临摹等。

这本书中有关画家传记的资料篇幅较多，所记载的画家上至远古时代，下至作者的生活年代。他对历代著名画家的生平、绘画风格以及成就进行了详细介绍。如卷九说："吴道子因写蜀道山水，始创山水之体，自为一家。"另外还记载了唐玄宗时候的许琨善于画人像，韩干善于画马等。书中还保存了很多绘画理论资料，如顾恺之的《画论》依靠此书才得以传世。此外，他还在书中提出了"书画同源"的理论。

《历代名画记》也有一些不完善的地方，在画家传记中的魏晋南北朝隋唐一段，内容包括史书记载、画家著作以及流传到唐代的作品，这些资料是后世研究古代绘画史的重要依据。但是里面北朝的绘画资料较少，给后世造成了错误的印象，以为只有南朝才发展了绘画艺术。

张彦远除了著有《历代名画记》之外，还另有《法书要录》十卷，收录了东汉至唐代元和年间各家的书法理论以及大量书法名迹，保存了不少珍贵资料，是研究书法的重要文献。他曾经不无自豪地宣称："有好事者得余二书，书画之事毕矣！"

敦煌莫高窟

敦煌位于甘肃省的西北部，河西走廊的西端，南边是气势雄伟的祁连山，西边是浩瀚无垠的罗布泊沙漠，北边是嶙峋蜿蜒的北塞山，东边是危峰突起的三危山。古代中国通往西域、中亚和欧洲的交通要道——丝绸之路，就经过这里。虽然附近黄沙漫漫，敦煌却别有洞天，不仅有肥田沃土，还有绿树浓荫，更有举世闻名的文物宝库——莫高窟。

"敦，大也；煌，盛也。"敦煌有悠久的历史和灿烂的文化，原始社会末期，在中原部落战争中失败的三苗人就迁徙到这里，繁衍生息，敦煌地区曾经发掘出新石器时代的石刀、石斧和陶器。夏商周时期，敦煌属古瓜州的范围，三苗的后裔（当时叫羌戎族）在这里游牧，留下许多岩画。战国时，大月氏人独占了敦煌。前秦苻坚建元二年（366年），有个叫乐尊的和尚经过敦煌，当时已经是黄昏，他看到鸣沙山上放射出金光万道，仿佛里面有千尊佛，遂萌生开凿之意，就在这里停留下来，雇人开凿石窟。此后，法良禅师等又继续在这里开凿洞窟，静心禅修，称为"漠高窟"，意思是"沙漠的高处"。因"漠"与"莫"通用，后世改称这里为"莫高窟"。关于这个名称的来历也有另外一种说法，佛家认为修建佛洞功德无量，"莫高窟"即是说，没有比修建佛洞更高的功德了。

从乐尊那个年代开始的一千五百年间，十六国、北魏、西魏、北周、隋、唐、五代、宋、西夏、元等历朝历代都在这里开凿洞窟，绘制壁画，为这项伟大的艺术工程添砖加瓦，最后终于有了今天呈现在我们面前的这个令人惊叹的艺术宝库。北魏、西魏和北周时，统治阶级崇信佛教，很重视宗教事业的发展，佛窟的修建得到人力、物力、财力上的大力支持，发展很快。

隋唐时期，西汉张骞开通的丝绸之路繁荣起来，商队络绎不绝，经济的繁荣也带动了莫高窟的发展，修建活动达到高潮，保存到现在的洞窟，有70%都是唐代开凿的。北宋、西夏和元代，只以修补前朝石窟为主，新建的石窟很少。元朝以后，随着丝绸之路的废弃，莫高窟也停止了建造，在世人的视野中渐渐消失了。

19世纪末，道士王圆箓（lù）来到已经沉寂很久的莫高窟，当时崖间的通道多数已经在岁月侵蚀和战火弥漫中被毁，有些洞口已经崩塌，被黄沙掩埋，只有一些藏传佛教的喇嘛住在这里。王道士在莫高窟定居后，开始筹集资金来改造莫高窟。光绪二十六年（1900年）5月26日，在清理第16窟的积沙时，偶然发现了藏经洞，并且在洞中发现了公元4世纪到11世纪的佛教经卷、文书、刺绣、绢画、法器等文物五万多件，用汉文、藏文、梵文、龟兹文、突厥文、回鹘文等多种文字记载，内容极为丰富，涵盖天文、历法、历史、地理、医学、诗词、民俗、账册等，很多为其他史籍上所无，简直是一个内容丰富的古代博物馆，价值难以估量！这个洞窟原来是唐宣宗大中五年（851年）时开凿，为当时的河西释门都僧统（僧人的官职名）洪辩的影窟。大约在11世纪时，元代统治者占领敦煌以前，莫高窟的僧人为了避免战火延及，就将寺院里保存的大量经卷、文书、绢画等全部搬到这个洞里，之后将门封闭伪装。战火燃起，僧人四散逃难，年深日久，这个洞窟竟然从此被人遗忘，大批珍贵文物在这里静静沉睡了八百年。

藏经洞的发现，是中国文化史上的四次大发现之一。令人扼腕叹息的是，当时王道士他们并没有意识到这批文物的宝贵价值，致使它们先后被外

莫高窟中的壁画《伎乐天》。伎乐天是佛与菩萨的侍从，主要职能是娱佛，此图是西魏壁画的飞天中最具有代表性的一幅

国探险队掠夺而去，连洞中的壁画也被剥去或者毁坏，损失十分惨重。即使如此，遗留下来的敦煌文物也足以令世人惊叹。

莫高窟，俗称千佛洞，坐落在敦煌东南40里的鸣沙山东麓的断崖上，南北长约一千六百多米，上下排列五层，高低错落有致，像蜂房一样。现有洞窟735个，壁画4.5万平方米，泥质彩塑2415尊，是世界上现存规模最大、内容最丰富的佛教艺术胜地。如果把这些壁画连接起来，能伸展三十多公里，堪称稀世画廊。莫高窟是古建筑、古雕塑和古壁画三位一体的艺术宫殿，以至于国内外众多学者都痴迷于敦煌艺术，不断进行研究，形成了一个专门学科叫"敦煌学"。

莫高窟分为南北两区。南区是莫高窟的主体，有洞窟487个，均有壁画或雕塑，是僧侣们进行宗教活动的场所。南区有248个洞窟，其中只有5个有壁画或者塑像，其余的都是僧侣们居住、修行或者丧葬的场所，有土炕、灶台、烟道、壁龛等生活设施。

莫高窟的雕塑和壁画多取自佛教故事，也有反映当时的耕织、狩猎、婚丧、庆祝等场面的内容。莫高窟的塑像受山崖土质松软的限制，并不适合制作石雕，所以除了四座大佛为石胎泥塑外，其余的塑像均为木骨泥塑。壁画内容丰富多彩，有山川景物、亭台楼阁、飞天佛像、花卉植物等等，是一千五百年来历史生活和民俗风貌的艺术再现，为美术史和古代风俗研究提供了重要、翔实的参考。

根据艺术风格的不同，莫高窟的雕塑和壁画可以分为四个时期：北朝、隋唐、五代和宋、西夏和元。

北朝时期的洞窟有36个。这一时期的塑像以飞天、供养菩萨和千佛为主，人物体态丰腴，神情庄重，风格朴实。如243窟北魏时代的释迦牟尼塑像，他身上斜披着印度袈裟，巍然端坐。壁画前期多以土红色为底色，再用青绿等颜色敷陈，色调浓重热情，线条纯朴雄浑，有西域佛教的特色。西魏以后，底色有了改变，多以白色为底色，风格转为雅致洒脱，开始有了中原风格。

隋唐时期是莫高窟发展的鼎盛时期，现存洞窟三百多个。这一时期的塑像造型丰满，色彩浓烈，风格更加接近中原地区，并且出现了以前没有的高大塑像。96号洞窟内有一尊弥勒佛，高35.6米，为石胎泥塑，是仅次于乐

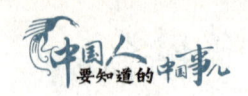

山大佛和荣县大佛的第三大坐佛。隋朝和唐朝的群像组合稍有不同。隋朝主要是一佛、两弟子、两菩萨或者四菩萨，唐代主要是一佛、两弟子、两菩萨和两天王，有时还要加上两力士。唐代的塑像有很大进步，身体比例恰当，人物富有特点，衣服的褶皱栩栩如生。佛和菩萨的外貌更加接近普通人，佛像的脸丰满而庄严，菩萨则有高高的发髻，衣服上绣满花朵，颇似唐代美丽的妇女形象。天王力士或是全身盔甲，或是露着上身，用肌肉的紧张和暴露青筋来表示雄伟有力和坚毅的性格，像唐代的武士跃马横戈的神情。这一时期的壁画题材丰富，场面宏大，色彩瑰丽，和前朝相比，绘画水平达到一个新的高度。

敦煌藏经洞中的壁画《引路菩萨图》。描绘菩萨为亡灵引路升入天国的场面

　　五代和宋时期的洞窟现存有一百多个，主要是改建的前朝石窟。从晚唐到五代，敦煌由以张承奉为首的张氏家族和以曹仁贵为首的曹氏家族共同统治，这两家崇信佛教，为莫高窟的修建提供了大量资金，因此供养人画像在这个阶段大量出现。这一时期的塑像和壁画都沿袭了晚唐风格，但是形式逐渐固化，缺少创新，技法也止步不前，甚至每况愈下。但是也出现了一些值得称道的作品。如61窟的《五台山图》是莫高窟最大的壁画，高5米，长13.5米，描绘了五台山一带的山川、寺院、楼阁等，场面宏大壮观。

　　西夏和元代已经是莫高窟发展的末期，呈现出式微的状态，西夏基本上很少新修洞窟，只对前朝的洞窟进行了一些改造和修缮，洞窟的形制和美术

风格都沿袭前朝。由于时代和环境的变迁，一些新的特点也反映在这一阶段的雕塑和壁画中。比如一些洞窟中出现了回鹘王的形象，这与当时西夏和回鹘之间的贸易来往日渐增多有很大关系。到了西夏晚期，由于藏传佛教在西夏中期大规模传入，形成了较大影响，壁画中又出现了西藏密宗的内容。元代开凿了8个新的洞窟，壁画和雕塑基本上都和西藏密宗有关系。

　　在莫高窟的壁画中，处处可以见到衣袂飘举的飞天仙女，她们几乎已经成为敦煌壁画的标志。飞天是侍奉佛陀和帝释天（佛教中的护法神）的神，能歌善舞。有的随风飞翔，悠然自得；有的从空中俯冲下来，从容不迫；有的手扬散花，直上青天；有的在亭台楼阁间穿行，体态灵动。大红大绿的颜色，曲折生动的线条，安静沉着的面容以及那优美舒展的动作，倾倒了无数游人墨客。

　　莫高窟是一部历史和艺术的百科全书，1961年被国务院列为首批全国重点文物保护单位，1987年被联合国教科文组织列入世界文化遗产保护项目，并于1991年授予"世界文化遗产"证书。莫高窟得到了无数赞誉，有人说，它是世界现存佛教艺术最伟大的宝库；也有人说，看到了敦煌莫高窟，就相当于看到了全世界的古代文明。莫高窟确实无愧于这些赞誉。

唐代的音乐艺术

隋唐两代天下统一，特别是唐代，政治稳定，经济繁荣，出现了数百年的太平岁月，加上唐朝统治者实行对外开放政策，对外交流活动大大增加，唐代文化呈现出兼容并蓄、蓬勃发展之势。音乐一向在中国文化中占有举足轻重的位置，中国传统经典"六经"和"六艺"中，"乐"都是不可或缺的，因此历代王朝都对音乐很重视。唐代尤其如此。

《旧唐书》中这样写道："乐者，太古圣人治情之具也……施之于邦国则朝廷序，施之于天下则神祇格，施之于宾宴则君臣和，施之于战阵则士民勇。"由于唐代各个时期皇帝的重视，加上魏晋以来发展起来的民族音乐，最后终于达到了以歌舞、音乐为主要标志的发展高峰。

唐代在各个场合广泛使用音乐，根据不同的场合和事务，使用不同的音乐和表演方式。其实，唐代的音乐表演大都集乐器演奏、歌曲、舞蹈于一体，称为唐大曲，它是继承了汉魏以来清乐大曲的传统而发展起来的一种大型歌舞曲，是唐代音乐的主要内容。

汉族音乐与其他少数民族音乐经过长期的交流与融合，在隋唐时代已经产生了一种新民歌，称为"曲子"。唐代大曲，实际上就是用这些"曲子"组合而成的一种大型套曲。最早的大曲是汉代的相和大曲，源于商周时的大型乐舞。唐代大曲是大曲艺术发展的鼎盛时期，不仅数量多，艺术水平也很高，除了前代传承下来的旧曲之外，还创作了大量的新曲。由于唐代国力鼎盛，文明开放程度很高，唐代文化不仅辐射影响了周边的国家和民族，同时也吸收了异域文化的营养，唐代音乐也因此更加丰富多彩、博大精深。唐代在清乐的基础上，吸收西凉、龟兹、高昌等西域地区的少数民族音乐以及高丽、天竺等外国的音乐，形成了众多新大曲。根据应用场合和来源的不同，这些大曲分为三种。一是用于郊庙祭祀等重大典礼的雅乐大曲；二是用于重大节日和宴饮的燕乐大曲；三是源于宗教的道调法曲。其中燕乐大曲和道调法曲的结构最庞大复杂，艺术水平也最高。根据唐代有关史籍的记载，唐代燕乐大曲有《破阵乐》、《绿腰》、《凉州》、《伊州》、《泛龙舟》等六十多首，道调法曲主要有《霓裳羽衣曲》、《火凤》、《倾杯乐》等二十多首。

唐大曲综合了器乐、歌唱和舞蹈，有多段结构，大致分为三个部分：散序、中序或者歌头、破或者舞遍。唐大曲在唐代宫廷燕乐中占有重要地位，歌唱者和舞蹈者在其中起着重要作用，因此那时涌现了很多有名的歌唱家和舞蹈家。

《通典》中记载了一个故事，贞观年间，有个叫侯贵和的尚书，他有个妾叫丽音，特别善于唱《行天》，嗓音清雅，十分美妙。后来她改名为方等，她的女儿也继承了她高超的唱歌技艺。方等死了以后，有个叫郝三宝的人也善于唱《行天》。有人请三宝来唱歌，方等的女儿在门帘后听着，忽然发笑。三宝很生气，说，我现在的唱歌水平足以让你等终身学习了，为什么发笑？这女孩说，很抱歉冒犯了，请听我唱几句。她刚开口唱了一句，三宝就拜倒在地，感叹道：这才是方等的声音，我远远比不上啊。

吉州永新（今江西省永新县）许和子为唐代最著名的歌唱家，她家世代为乐工，开元二十三年（735年）前后，她被征召入宫，并改名叫"永新"。《乐府杂录》中记载："内人有许和子者……既美且慧，善歌，能变新声。遇高秋明月，台殿清虚，喉啭一声，响传九陌。"据说某日唐玄宗在勤政楼举行庆典。当时人很多，场面很热闹，各种喧哗之声让人听不清歌舞演出的声音。唐玄宗发怒了，高力士见状向前一步，献计说，让永新来唱一曲，一定能制止喧哗。唐玄宗答应了。永新拂了拂头发，从容不迫地高歌一曲，四周立刻一片寂静。

唐代的舞蹈艺术更是灿烂辉煌，敦煌壁画中就留下了很多生动细致的描述。唐玄宗时候有个著名的宫廷舞女叫江采苹，她的父亲是一个饱读诗书的秀才，同时精通医道，是当地一个有名望的儒医。江采苹从小就受到良好教育，能歌善舞，唐玄宗时被选入宫中。她的舞姿优美动人，尤其擅长跳《惊

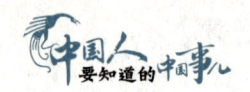

敦煌莫高窟中的《舞乐图》。描绘了唐代歌舞场面

鸿舞》，如仙子下凡，飘飘欲飞，深得皇帝宠爱。由于她非常喜欢梅花，被唐玄宗赐名为"梅妃"。她在后来与杨贵妃的争宠中失败，被打入冷宫。

唐大曲中使用的乐器很多，"声无形而乐有器"，《通典》中记载的就有数十种之多，有编钟、编磬、琴、瑟、琵琶、箜篌、筝、笛、箫等。比如《旧唐书》记载，在演奏《承天乐》时，"长笛一，短笛一，楷鼓一，连鼓一……"。

唐代音乐的繁盛也催生了许多著名音乐家的出现。唐玄宗就是一个音乐高手，不仅善于演奏多种乐器，如琵琶、横笛、羯鼓等，而且善于作曲。琵琶在唐代是非常流行的乐器，高手众多，有白明达、裴神符、段善本、李管儿等。由龟兹传入的乐器筚篥（bì lì）也很受欢迎，筚篥又称悲篥、笳管、头管、管子等，由羊角和羊骨制成，声音低沉悲咽。李龟年、尉迟青等都是筚篥高手。

虽然唐代音乐以大曲为主，但除此之外还有曲子、散乐、杂歌曲、杂舞曲等。其中曲子流行区域较广，影响范围较大。曲子的形式有整齐的五言、六言、七言，也有参差不齐的长短句。有的歌颂坚贞爱情，有的抒写生活艰难，有的反映人民斗争，还有的借一些民间传说来表达对封建统治的不满情绪。曲子的流行也引起了一些文人墨客的兴趣，中唐的白居易、刘禹锡等人，都填写过曲子的歌词。1900年，在敦煌石窟藏经洞中发现一卷经文的背面有25首乐曲，用古谱记录，上面有25首乐曲的曲谱和曲名，还标有"慢曲子"、"急曲子"字样，称敦煌卷子谱或者敦煌乐谱，现在收藏于法国国家图书馆。

唐代音乐能取得如此成就和唐代帝王对音乐教育的大力推行分不开。唐代建立了很多音乐教育机构，如教坊、梨园、太常寺等，甚至还有专门教育幼童的梨园别教园。太常寺是唐代掌管礼乐的最高行政机关，由太常卿主管。太乐署和鼓吹署是隶属于它的音乐机构。开元二年（714年），唐玄宗对太乐署进行了改革，将演奏民间音乐的乐工分出来，另外成立了四个外教坊和三个梨园。教坊是训练乐工、管理宫廷音乐的机构，梨园以教习法曲为主。

除了大量搜集民间艺人和音乐高手充实宫廷乐舞机构以外，朝廷每年还举行大量的演出活动，促进音乐的进一步发展。王建的《凉州行》中说："城头山鸡鸣角角，洛阳家家学胡乐。"白居易的《杨柳枝》中也写道："六幺水调家家唱，白雪梅花处处吹。"这些作品充分展现了一幅全民学音乐的图景。这说明，唐代的音乐已经不再是宫廷贵族的专用品，而是成了全社会各个阶层都可以触及的大众娱乐形式。

黄荃和徐熙的花鸟画

五代十国存续五十三年，虽然时有纷争，但是绘画艺术并没有停滞，而是在前人的基础上继续发展，无论是人物、山水，还是花鸟，绘画技巧都有了比较大的提高，在唐代和宋代之间起到了承前启后的作用。在山水画的创作中，出现了荆浩开创的北方山水画派以及董源开创的江南山水画派。由于宫廷贵族的喜好，花鸟画也逐渐发展起来，南唐的著名花鸟画家有高太冲、董源、徐熙、赵干和卫贤等，西蜀的花鸟画的代表则是黄荃父子。其中的徐熙和黄荃创立了古代花鸟画的两大派系，被后人并称为"徐黄"。

宋代著名的书画鉴赏家和画史评论家郭若虚在《图画见闻志》中总结了这两大花鸟画名家的各自特点："黄家富贵，徐熙野逸。不惟各言其志，盖亦耳目所习，得之于心而应之于手也。"徐熙一直在江南居住，见到的是大自然中的野花、修竹、飞鸟、游鱼、田园时蔬之类。黄荃年少时即进入宫廷画院，看到的是御苑中的珍禽异兽、奇花异草。他们生活的环境不同，生活体验自然也不一样，审美观也相应有很大区别，因此他们画笔下的世界也各有意趣，艺术风格也自成一家。

黄荃，字要叔，成都人。出生年月不详，卒于965年。他十七岁时就因为善于画画入宫侍奉前蜀后主王衍，后蜀先主孟知祥即位后，他被任命为翰林待诏，管理翰林图画院的事务。后蜀后主孟昶（chǎng）当政时，提升他为如京副使。他在西蜀画院供职前后长达四十年之久。965年，后蜀降宋，黄荃来到京城汴梁（今河南省开封市），当年就病逝了。

黄荃曾经跟随唐末入蜀的著名画家刁光胤学画，又从山水画家李升、人物山水画家孙位那里吸取营养，"全该六法（六法指南齐谢赫在他所著的《古画品录》中总结的六条关于绘画的创作准则：一曰气韵生动，二曰骨法用笔，三曰应物象形，四曰随类赋彩，五曰经营位置，六曰传移模写），远过三师"，青出于蓝而胜于蓝。他是西蜀的重要画家，擅长画花竹、翎毛、佛道、人物和山水。他继承了唐代花鸟画的传统，绘画内容多为宫廷中的奇花异草、珍禽名兽，用细细的线条勾勒，然后用柔和丰富的颜色赋色，线条和颜色完美地融合在一起，画面生动逼真。

《益州名画录》曾经记载，黄荃在蜀国宫殿上画了兔子、雉鸟等，当时有使节向蜀主进献白鹰，白鹰"误认殿上画雉为真，掣（chè）臂数四，蜀主叹异久之"。他的画如此逼真，以至于连眼神犀利的鹰都把动物当成活的而数次扑向墙壁，意欲搏杀，这神奇的画技连皇帝都叹服不已，专门命令翰林学士欧阳炯写了《壁画奇异记》来记录这件事。他还曾经在殿壁上画了六只不同姿态的仙鹤，栩栩如生，连真的仙鹤都被吸引到这里活动了。

黄荃的画多为宫廷花鸟，勾勒精细、色彩艳丽、富丽堂皇，有浓重的宫廷风格。《宣和画谱》录有他的349件作品，有《桃花雏雀图》、《海棠鹁鸪图》等。黄荃有《写生珍禽图》传世，这是他的重要作品。他用细致的线条和艳丽的色彩描绘了麻雀、乌龟、蚱蜢、蜜蜂、蝉、鸠等共24只动物。虽然画面上众多动物排列无序，却都刻画得非常细致逼真，仿佛活的一样。龟壳的坚硬，蝉翼的透明，鸟雀的眼神以及飞翔的姿态，都活灵活现，表现出高超的写实手法。

五代西蜀黄荃所绘的《珍禽写生图》

他的儿子黄居寀（shěn）继承了父亲的画技，也善于画花鸟。《梦溪笔谈》中说："诸黄画花，妙在赋色，用笔极精细，几不见墨迹，但以五彩布成，谓之写生。"父子二人的画风影响深远，当时的花鸟画无不以"黄家体制为准"，宫廷中也以黄氏父子艳丽、工整的画风为翰林图画院取舍作品的标准，称为"院体"。黄荃画派成为两宋时期占统治地位的花鸟派。

　　徐熙，钟陵（今江西省南昌市）人，也有人说他是金陵（江苏省南京市）人，生于唐僖宗光启年间，后来在开宝末年（975年）跟随李后主归宋，不久病故。他出身于江南的名门望族，性情豪爽，自命高雅，不愿意出仕，一辈子没有做官，郭若虚称他为江南处士，沈括则说他是江南布衣。

　　徐熙经常漫步于田野和苗圃，细心观察各种动物和植物，用心揣摩，每一个细节都务求真实传神，因此他的画都十分生动。他放弃了唐代以来流行的晕淡赋色方式，另外创造出一种质朴简练的落墨画法，即先用墨把枝叶、蕊萼的正反凹凸连勾带染地描绘出来，然后在某些部分略微加一些色彩。也就是说，一幅画的主要轮廓神气，都用墨笔和墨色来"落定"，着色只是辅助手段。他在自己的著作《翠微堂记》中说："落笔之际，未尝以傅色晕淡细碎为功"。

　　他画花时，落笔很重，略施丹粉，生气就呼之欲出。他的作品清新洒脱，和古人的花鸟画相比，别具一格，被称为"骨气风神，为古今绝笔"。他画有《石榴图》，一株石榴树上有一百多个果实，笔力豪放，气势雄伟。

　　徐熙的画在南唐很受重视，南唐后主李煜很欣赏他，他曾经为李煜宫中画过"铺殿花"，在绢素上画花卉、禽鸟、蜂蝶之类，美观艳丽，在宫中挂设装饰。此外，他还画过"装堂花"，这也是宫中一种装饰厅堂的花鸟画，位置端正，绘画形式整齐对称，类似于图案画。宋代对徐熙的评价也很高，宋太祖见到徐熙画的石榴，感叹说："花果之妙，吾独知有熙，其余不足观也。"他和黄荃为五代十国的两大流派之代表，代表了五代花鸟画的新水平，具有重要的历史地位，但是宋人却评论说："荃神而不妙，昌妙而不神，神妙俱完，舍熙无矣。"米芾也说："黄荃画不足收，易摹，徐熙画不可摹。"言语中对徐熙十分推崇。

　　《宣和画谱》中收录了徐熙的作品249件，但可惜的是，传之后世的

五代西蜀黄筌儿子黄居寀所绘的《玉堂富贵图》

五代南唐徐熙所绘的《豆花蜻蜓图》

真迹很少。有一幅《雪竹图》，现在藏于上海博物馆。从这幅画中，我们可以一窥徐熙的绘画风格。画下方是几块石头，用水墨晕染出结构，上面的留白表示有积雪。石头后面是三竿挺拔的粗竹，枝干茁壮，竹叶纷披。旁边还有数竿被雪压弯或者折断的竹子，画面结构错落有致，情趣盎然。在表现手法上，勾勒与晕染并用，浓墨和淡墨齐施，显得富有变化。

徐熙的孙子徐崇矩、徐崇嗣、徐崇勋继承了祖父的绘画技艺，都善于画画。由于北宋时期"皇家富贵"成为宫廷花鸟画的标准，徐崇嗣只好改变祖父画画常用的主题，放弃野花、野禽，以牡丹、海棠、芍药、桃花等为主要题材。但他没有墨守成规，在绘画上不断创新，创造了一种不用墨笔，直接用彩色来画的没骨画法。

黄荃与徐熙的花鸟画都达到了极高的水平，对后世绘画有重要影响。黄荃成为学院派花鸟画的典范，他代表的富贵画风在宫廷中大行其道，被皇室贵族所欣赏；而徐熙则开了水墨淡彩花鸟画的先河，野逸的风格令人耳目一新，多在民间流行。他们各自的努力催生了花鸟画的两大流派，被人称为"皇家富贵，徐熙野逸"。后世的花鸟画就在这两大流派的基础上，不断演化发展，逐渐呈现了"百花齐放"的局面。

辽代的绘画艺术

公元916年,契丹族的耶律阿保机统一各部落,建立契丹国。公元947年,耶律德光在开封称帝,改国号为辽,"辽"在契丹语中是"镔铁"的意思。公元1125年,辽国被金国所灭。辽王朝前后统治中国北部209年。它与五代、两宋同时并存,在政治和军事上一直威胁着宋王朝,但是在文化上却受中原汉民族影响很深,它在北方游牧民族的文化基础上,吸取和借鉴了汉族文化的优秀传统,形成了独具特色的辽代文化。辽代绘画就充分体现了这一特点。

绘画作品反映现实生活,辽朝以契丹人游牧部落为主体,这就决定了他们的绘画艺术的题材和范围,即表现北方少数民族的游牧和狩猎生活,这和中原地区表现农耕生活和儒家文化的绘画作品迥然有别。

契丹人的生活离不开游牧和狩猎,这是他们的生存手段和生活方式,辽代画家用自己的画笔,尽情表现了他们熟悉的山林和草原生活,这些场景或是狩猎射箭,或是草原牧羊,或是毡幕饮酒,或是策马扬鞭,描写细腻,具有写实风格,勾勒出草原人民自由自在的生活场景和豪爽奔放的性格特征。

狩猎题材是辽代绘画中不可忽视的一个重要题材,既有直接描写狩猎场面的作品,也有以猎人在打猎途中的活动为内容的作品,还有表现猎人日常生活的作品。如耶律倍的《骑射图》,就是典型的狩猎题材。画中,在一匹装饰华丽的骏马前,一个中年契丹贵族腰挎虎皮箭筒,手里拿着弓,表情严肃,似乎在沉思,又似乎在做打猎前的准备。这匹马身躯低矮,身材健硕,具有今天的蒙古马的特征。这幅画线条流畅,造型准确,风格细腻,一反契丹壁画的粗犷风格,反倒与汉族画家的画风十分接近,这表明作者耶律倍深

契丹国皇子耶律倍（即李赞华）所绘的《骑射图》

受汉文化影响。这幅画现藏于台北故宫博物院，是他的传世名作。

耶律倍为辽太祖耶律阿保机的长子，很受阿保机的喜爱，曾被立为契丹国的皇太子，但是他的弟弟耶律德光得到母亲述律平的支持，登上了皇位，并且为绝后患，将耶律倍逼走。耶律倍迫不得已，于天显五年（930年）投奔唐明宗，被赐名为李赞华。耶律倍饱读诗书，文武双全，不但是政治家和军事家，更是阴阳学家、医学家、音乐家、文学家、翻译家、汉学家和画家。他精于绘画，尤其善于描绘草原放牧和射击打猎的场景。他的画以韩干为师，因此宋人评价他"马尚丰肥"，指他画马的时候偏好壮硕的马。虽然也有人认为他的画"笔乏壮气"，即缺少雄伟的气势，但是总体来讲，他还是广受赞誉的。据《宣和画谱》记载，他在中原的画作有《骑射图》、《双骑图》、《猎骑图》、《雪骑图》、《番骑图》、《人骑图》等十五幅。其中《番骑图》现藏于波士顿美术博物馆。

由于受到汉文化影响，精通诗词歌赋、琴棋书画的契丹贵族不乏其人。辽兴宗耶律宗真也擅长丹青，他曾画《千角鹿图》献给宋仁宗。辽代贵族耶律履曾于辽兴宗重熙年间以及辽道宗清宁年间两次出使宋国，宋仁宗赏识他的才华，举行了隆重的宴会为他饯行。耶律履很想一睹中原皇帝的龙颜，但是因为相隔较远，无法看清。辞别的时候，他大胆地看了一眼宋仁宗，只这一眼，他已经将皇帝的容貌牢牢记在心里。他凭着记忆画下了皇帝的肖像，竟然栩栩如生，宛若真容，他将这幅画带回了辽朝，众人无不惊叹他神奇的绘画技能。南院枢密使萧融也喜欢读书，善于画画，他推崇唐代画家裴宽和边鸾，"慕唐裴宽、边鸾之迹，凡奉使入宋者，必命购求，凡遇名迹，不惜重价"，他为了得到这两个画家的真迹，凡是本国有人出使宋国，他都嘱咐要为他求购这二人的真迹，即使花费重金也在所不惜。

辽代的胡瓌是享有盛名的大画家，以描绘北方游牧民族的生活而著称，他的画被宋朝御府收藏65件，其中《卓歇图》、《蕃马图》、《还猎图》等为他的代表作，被时人称为"神品"。其中《卓歇图》最为著名。"卓歇"意为"立起帐篷休息"的意思，这幅画描绘了契丹族可汗率领部下打猎后歇息的场景，场面广阔，人物众多，形态各异，十分传神。可汗和妻子盘腿坐在地毯上宴饮，侍从在一边进酒献花，前面有奏乐舞蹈的人。另外有骑士多人，或者倚马而立，或者滚鞍下马，或者席地而坐，马上驮着他们打猎的战利品，如天鹅、大雁等。画面上的人物穿着契丹服饰，背景荒凉，虽然人数众多，但是布局有条不紊，疏密得当，衔接十分自然，体现了作者高超的绘画技巧。胡瓌十分善于画马，宋代的刘道醇在《五代名画补遗》中评论说："善画番马，骨骼体状入毫芒，而器度精神，富有筋骨，然纤微精致，未有如环之比者也。"他和耶律倍同样善于画马，有"王得马骨，环得马肉"的评价。

1974年，辽宁省法库县出土了两幅立轴绢画，一幅是花鸟画《竹雀双兔图》，一幅是山水画《深山会棋图》。《朱雀双兔图》的主题是双兔，另有竹子、麻雀、野花为陪衬，先用双钩（中国绘画技法名称，用线条勾描物

辽代契丹族画家胡瓌所绘的《卓歇图》（局部）。描写契丹可汗出猎时歇息宴饮的情形

象轮廓,因为基本上是用左右或者上下两笔勾描合拢,所以称双钩),再涂淡彩,具有浓郁的契丹画风格。根据历史记载,契丹族对兔子十分喜爱,他们把三月三日定为"射兔节",而重阳节那天,还有饮菊花酒、吃兔肝的习俗。《深山会棋图》悬挂在墓室中,出土时有画轴。画面上山峰陡峭,青松屹立,三人正在对弈下棋。画中人物的服饰和房屋的样式均为汉族风格,山水树木则有明显的北方山水特征,画法上,青绿重彩寓于浅绛之中,明显是受到了唐宋绘画风格的影响。

在这两幅画出土的前一年,即1973年,张家口宣化首次发掘出辽代监察御史张世卿的墓葬,后来,又在附近发现9座辽代壁画墓葬,构成张家世族壁画墓群。这360平方米保存完好的辽代彩色壁画,为我们研究辽代壁画提供了极其宝贵的第一手资料。壁画中有天文图、茶道图、出行图、启门图、挑灯图、备宴图、对弈图、花鸟图等,内容丰富,宛如地下艺术长廊。如张世卿墓中的《散乐图》,长2.5米,宽1.8米,人物12个。这些人身穿圆领长袍,脚蹬高筒靴,服装色彩各不相同,11人手里都拿着一种乐器,有琵

辽代监察御史张世卿墓中的《出行图》

琶、大鼓、腰鼓、笙、笛子等，另有一人在舞蹈，场面十分壮观。

早在汉代，"车马出行"就成为墓葬壁画中的一种流行装饰题材，辽墓中同样也多有此类题材。张家墓群中的4号墓、5号墓都有车马出行图，场面较大的是1号墓（张世卿墓）中的那幅。画面正中央绘有一匹白马，马额上的鬃毛用红带结成发辫，马尾巴也用红带绑扎，马身上有鞍、衔、勒等各种配饰，后方有五名侍者一字排开。一个人头顶盘子，里面放着扣碗、小碟等用具，身穿朴素的短衫长裤，其余四人则穿着圆领团锦花长衫，颇似汉族官员。

这些壁画均以写实为主，从各个侧面反映了辽代的政治、经济、文化情况，线条流畅，色彩鲜艳，人物神态生动，富有生活情趣。

克什克腾旗的辽墓中，绘有《草原放牧图》，体现了辽代壁画的典型特点。绿草如茵的大草原上，远山起伏，马儿扬蹄奔腾，生机勃勃，马后是牛群和羊群，牧人身穿开襟大衣，腰上系着腰带，脚上穿着靴子，手里拿着鞭子，画面洋溢着浓浓的北方草原生活气息。

辽代的绘画艺术继承了唐代以及五代的传统，但是又具有自己的特点，人物、鞍马以及花卉鸟兽的技法都有独到之处，但是唯独山水画的发展缓慢，未至成熟境界，成就远不及北宋画坛。

白描大师李公麟

唐代是一个政治、经济、文化高度发展的朝代,绘画艺术取得很高的成就,而宋代更是达到了新的高峰,反映的现实生活内容更广泛,艺术表现手法更多样,不仅名家辈出,名画的数量也是空前的。宋代绘画的代表人物为李公麟、苏轼、文同、米芾等人,他们的画风趋于平淡素雅,风格清新。李公麟更是被评价为宋代画家第一人。

李公麟,字伯时,号龙眠居士,庐江郡舒州(今安徽省桐城市)人,生于1049年,卒于1106年。他出身于名门望族,家里的名画法书很多,他从小就得到了良好的教育,知识渊博,善于鉴定,长于诗文,书法也很好,楷书颇有晋人的风范。宋神宗熙宁三年(1070年),他中了进士,历任南康长恒尉、泗州录事参军,官至朝奉郎。

李公麟做官三十年,和王安石、苏轼、米芾、黄庭坚为至交,是驸马王诜(xiǎn)的座上客。他们十几个人在王诜家的花园里饮酒、作诗、画画、谈禅论道,这次聚会被记录在李公麟画的《西园雅集图》中。李公麟用白描手法和写实的方式,描绘了十六位名流在王诜家里聚会的情景。这些文人雅士挥毫作画,吟诗唱和,抚琴弹奏,衣着得体,神态舒展,而一旁的仆役、侍女也举止大方。画中人物的衣纹和花草、树木、山石,每一笔线条都十分流畅生动,画出了各个阶层不同性格的人物的特点和情态,被后世的仇英、张大千等书画名家不断摹写学习。

米芾为这幅画作记:"水石潺湲,风竹相吞,炉烟方袅,草木自馨。人间清旷之乐,不过如此。嗟呼!汹涌于名利之域而不知退者,岂易得此哉。"意思是,泉水从石头上流过,发出潺潺的声音,风吹动竹子，炉子里的烟袅袅升起，草木散发着清香。人间的清雅乐趣，不过如此了。唉，那些追求名利不知道后退一步的人，怎么能得到这样的快乐呢？

元丰七年（1084年），苏轼因为作诗遭祸，王诜也被株连。宋哲宗元祐年间，王安石去世，旧党重新得势，苏轼恢复了自己的政治地位，李公麟又画了第二幅《西园雅集图》。苏轼的诗集中记载了多首称赞李公麟作品的诗。

李公麟虽然在朝中做官，并且画技高超，但是他没有进宫廷画院，一是因为他生活富裕，画院的供养对他并无必要；二是因为他爱好自由，黄庭坚说他"风流不减古人"。他一生都在勤奋作画，即使后来生病躺在床上，也伸手在被子上画着，像握着笔在作画，家人制止他，他笑着说，我长久以来习惯了，没察觉到自己的动作。从这样的小事中可以看出他对绘画的热爱与刻苦。纵观历史上的书画名家，无不有这种全神贯注、潜心修炼的习惯，也唯有如此，方可成为大家。

他的作品众多，人物、道释、仕女、山水、飞鸟、走兽、花卉等无所不能。他的人物画和道释画运笔如行云流水，神态生动，颇有吴道子的风范；他的山水画气韵流动，清新秀丽，得到王维的真传；他画的着色山水不亚于李思训；他画的马技法超过了韩干。他能集诸家之长，总其大成，同时又大胆创新，自成一家，被后世推崇备至，称他为第一大手笔、百代宗师。

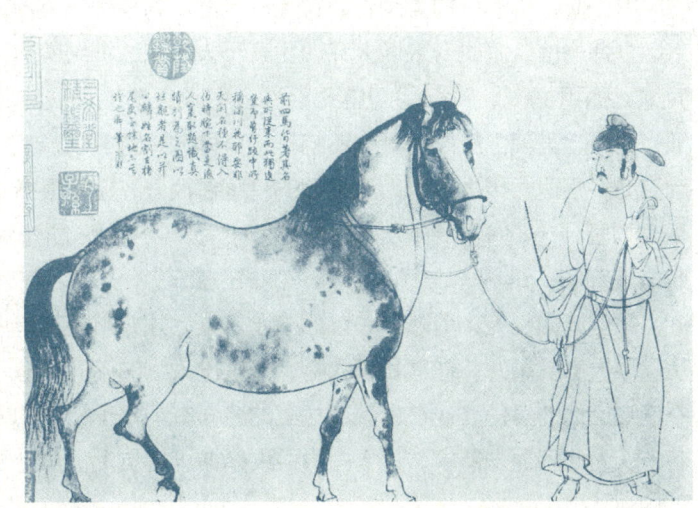

李公麟最初以画马出名，"每欲画，必观群马，以尽其态"，也就是说，他每次画

宋代李公麟所绘的《五马图》（局部）

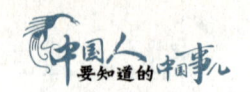

宋代李公麟所绘的《维摩演教图》（局部）

马前，必定去观察群马，以掌握马的各种动态。苏轼曾经称赞他说："龙眠胸中有千驷，不惟画肉兼画骨。"《五马图》为他的代表作，现藏于日本东京国立博物馆。画中有五匹大马，由五个人牵引，神采奕奕。画的线条十分简练，他用提按、转折、回旋的手法，细致生动地表现出骏马运动时的特征，清晰地表现出肌肉、骨骼的结构，身体的重量感以及毛发的光泽感，气韵流动，不愧为传世名作。虽然他的马画得很好，但他最擅长的还是宗教画和人物画。《宣和画谱》这样评价他："尤工人物，能分别状貌，使人望而知其廊庙、馆阁、山林、草野、闾阎、臧获、占舆、皂隶，至于动作态度、颦伸俯仰、大小美恶，夫东西南北之人，才分点画，尊卑贵贱，咸有区别。"大意就是说，他擅长画人物，能画出人物的不同状态和面貌，使人一看就知道他的身份。他在佛教题材上的名作有现藏于日本的《维摩诘像》，有人认为此画为宋摹本。这幅画中，维摩诘坐在炕上，身上是当时士大夫的典型装束，神情颓废而悠闲，这正是那个时期知识分子的精神特点：文化修养很高，具有思辨能力，然而意态慵懒，缺少活力。

他的另一幅人物代表作是《免胄图》，又名《郭子仪单骑见回纥图》。此画为纸本白描，描绘了唐代郭子仪单骑与回纥可汗相会，令对方退兵的故事。画的右边，回纥军队从远处奔腾而来，卷起的大片尘土意味着后面还有大批人马，手法含蓄生动。中间部分是郭子仪和回纥可汗会见的情形。这个声名远扬的将军站在这个颇有野心的可汗面前，面带微笑，表达了和平的诚意，这种气度使对方的将军们十分意外，不禁五体投地跪倒在郭子仪面前。郭子仪伸出左手，握着可汗的手腕，请他们起身。在郭子仪的背后稍远处，是甲胄卫士。整个画面布局得当，疏密变化恰如其分，人物的表情生动贴切，郭子仪临危不乱的气度以及回纥可汗心悦诚服的态度，都刻画得惟妙惟肖。

李公麟对绘画艺术的最大贡献是创造了白描手法，这种手法我们在《维摩诘像》和《免胄图》中都可以清晰地看到。白描在古代又称为"粉本"，实际上是草稿或者初稿，不施色彩，仅仅用富有表现力的单线勾勒出朴素优美的艺术形象。李公麟大胆地对白描画法进行了发展和提高，他的白描手法造型准确，神态生动，对后世的人物画影响很大。

李公麟不仅在绘画技法上有所创新，而且对作品主题的表现有独特的见解。他重视人物内心的刻画，"以立意为先，布置为次"。他画陶渊明的《归去来辞图》，并不像其他画家那样把笔墨放在描绘田园风光上，而是注重刻画能表现陶渊明高尚情操的"临清流而赋诗"的富有象征意味的神态上。作品主题的深刻表达，虽然和作者的艺术技巧有很大关联，但是作者对作品主题的深刻理解，更能决定作品的境界和水准。

他的作品保存下来的不多，除了《维摩诘像》、《免胄图》、《五马图》外，还有《临韦偃牧放图》、《十六小马图》、《龙眠山庄图》、《辋川图》、《九歌图》、《洛神赋图》、《草堂图》、《西园雅集图》、《明皇醉归图》、《维摩演教图》、《白描罗汉图》等。

清明上河图

中国美术史上，有十大传世名画，分别是《洛神赋图》（东晋：顾恺之）、《步辇图》（唐：阎立本）、《唐宫仕女图》（唐：张萱、周昉）、《五牛图》（唐：韩滉）、《韩熙载夜宴图》（五代：顾闳中）、《千里江山图》（北宋：王希孟）、《清明上河图》（北宋：张择端）、《富春山居图》（元：黄公望）、《汉宫春晓图》（明：仇英）、《百骏图》（清：郎世宁）。

北宋张择端的《清明上河图》以长卷形式，采用散点透视的构图法，生动地记录了宋代都城的城市图景，展现了商业贸易的繁荣以及市民的日常生活，在绘画史上是绝无仅有的，堪称无价之宝，如今珍藏在故宫博物院。

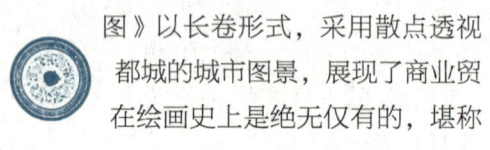

张择端（1085年—1145年），字正道，琅琊东武（今山东省诸城市）人。他自幼好学，曾经到汴京（今河南省开封市）学习绘画。宋徽宗时，他在翰林图画院供职，专门画宫室，擅长画界画，尤其善于画街道、舟车、桥梁等。

界画是中国画的一种，即在作画时使用界尺画线，用来画宫室、楼台、屋宇等。界画最早产生于晋朝，到隋朝的时候已经比较完善，现存最早的大型界画是唐朝懿德太子李重润墓中的《阙楼图》。《清明上河图》也属于界画。著名的界画画家有晚唐的尹继昭、五代时的赵德义、北宋初年的郭忠恕等。

张择端虽然在翰林图画院供职，创作的作品大都为反映宫廷生活的"院画"，但是他却对城市底层人民的生活很感兴趣，将自己画画的内容从宫廷扩展到了市井生活，为创作《清明上河图》积累了丰富的生活体验，从而将画中的各色人物描绘得逼真生动，展现出一幅惟妙惟肖的社会生活图景。

北宋年间的汴京地理位置极佳，交通四通八达，是全国的水陆交通中心，城市人口达到一百多万，商业十分发达，街道上店铺林立，行人熙熙攘攘，一片热闹繁荣景象。《清明上河图》用写实的手法，忠实地记录了当时的城市生活面貌。

《清明上河图》宽24.8厘米，长528.7厘米，共画有1695人，各种牲畜六十多匹，木船二十多只，房屋楼阁三十多栋，推车和轿子二十多辆。里面的人物不仅衣着不同，神情各异，从事的活动也各不相同，中间还充满着戏剧性场面。如此庞杂丰富的内容，被集中展现在一幅画中，不仅在中国画史上，而且在世界画史上，都是十分罕见的。

全画规模宏大，构图绝妙，大致分为三个部分，第一部分是汴京郊外的春光；第二部分是汴河场景；第三部分是城内的街市。

第一部分，一片薄雾中，掩映着几家茅舍，有流水、小桥、树林和扁舟，柳树枝头泛出绿色，预示着春天已经来临。两个脚夫正赶着五匹毛驴，向城市走来。毛驴背上驮着木炭，应该是到城里售卖的。路上有一顶轿子，一个妇人正坐在里面，轿子后面跟着骑马的人，挑担的人。看样子，他们刚从京郊踏青扫墓归来，赶往汴河。

第二部分是繁忙的汴河码头。汴河是北宋时期的国家漕运

宋代张择端所绘的《清明上河图》（局部）一

枢纽，河里船只穿梭来往，一片繁忙景象。有的正满载货物，逆流而上；有的刚刚停泊在岸边，正在卸货。一座结构精巧的木制拱桥横跨汴河，宛如飞虹，名为虹桥。有一只大船正要过桥，船夫们忙碌着，分工合作，有的用竹竿使劲撑，有的用长竿钩住桥梁，还有的张罗着放下桅杆，以便船只通过。邻船的人在看热闹，指指点点，像在大声吆喝着。桥上的人也探头探脑地往下看。桥头到处都是饮食摊和杂货摊，两个摊主正招呼一个路人过来看自己的货物，场面十分热烈。这个人来人往的区域就是著名的虹桥码头区。

第三部分是热闹的市区街道。这个街道以高大的城楼为中心，两边的房屋鳞次栉比，店铺一家挨着一家，有庙宇、茶坊、酒肆、肉铺、珠宝店、药店、绸缎店等等，此外还有修理大车的、看相算命的、给人看病的，各种行业无不具备。街上的行人摩肩接踵，熙熙攘攘，有做生意的商人，有在街上闲逛的行人，有问路的游客，有骑马巡视的官吏，有光头的僧人，还有行乞的残疾人，三教九流，鱼龙混杂。这些人有的步行，有的坐轿，有的骑马，有的牵着骆驼，有的赶着车，五花八门，不一而足。

如此庞大的场面，作者却安排得有条不紊，每个人物、场景和细节，都处理得恰到好处，多而不乱，各种画面关系首尾呼应，浑然一体。作者从大处着眼，小处着手，将大场面与小细节有

宋代张择端所绘的《清明上河图》（局部）二

机地结合起来，既气魄宏大，又细致入微。房屋、桥梁等大型建筑固然结构严谨，对于麻雀、衣冠等小的物件，作者也并未轻率对待，每一个细小的线条都一丝不苟，甚至连船上的铆钉都清清楚楚。

《清明上河图》是一件伟大的现实主义绘画作品，具有极其重要的历史研究价值，它所提供的北宋汴京的商业、手工业、建筑、民俗等方面的翔实资料，为历史学家研究那个时代提供了宝贵的第一手资料。同时，它蕴含的丰富思想内涵、丰富的艺术表现手法，对后代的风俗画影响很大。

《清明上河图》这幅传世名画的经历也颇为传奇，情节之复杂曲折足以写一部精彩动人的长篇小说。

1101年，张择端完成这幅歌颂太平盛世的《清明上河图》以后，将它献给了宋徽宗，宋徽宗成为这幅画的首位收藏者，他用自己著名的"瘦金体"在图上题写了"清明上河图"五个字，并加盖了双龙小印（已佚）。1127年"靖康之变"后，这幅画流入民间，几经辗转，为南宋贾似道所得。元朝建立后，《清明上河图》再度被收入宫廷秘府。至正年间（1335年至1340年），它又被掉包，流落民间。后来它落到宰相严嵩、严世蕃父子手上。严嵩倒台以后，这幅画被没收，第三次收藏于宫中。后来太监冯保将这画偷出，在画上加了题跋，但是之后真迹又不知去向。两百年后，清朝毕沅得到了它。毕沅死后，《清明上河图》第四次进宫，收藏于紫禁城中。1921年，溥仪以赏赐溥杰为名，将包括《清明上河图》在内的一批文物偷运出宫，从天津转到长春。1945年，溥仪带着此画出逃，在通化被截获，存放于东北博物馆，后转至北京故宫博物院。

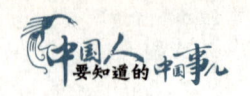

"米颠"米芾

米芾出生于宋仁宗皇佑三年（1051年），宋徽宗大观二年（1108年），在淮阳军任职期间病故，享年五十七岁。他最初名黻（fú），字元章，别号很多，有襄阳漫士、海岳外史、鹿门居士、无碍居士等。他祖籍山西太原，后来迁居襄阳，最后定居江苏镇江。他是北宋著名书法家、画家、书画理论家，擅长写篆书、隶书、楷书、行书、草书等书体，精于鉴别，诗歌和文章也很有名，是"宋四书家"（苏轼、黄庭坚、米芾、蔡襄）之一，世称"米南宫"。

米芾在《群玉堂米帖》中自叙："余初学颜书，七八岁作字，至大一幅，书简不成。"从这里可以知道，他七八岁时就开始学习颜真卿的书法。他天资聪慧，六岁就能背一百多首诗，十岁开始摹写碑刻，获得肯定，有了小小的名气。米芾的父亲曾经是宋英宗的随从，官至左武卫将军。他的母亲阎氏曾经当过宋神宗的乳母，宋神宗继位后，念及旧情，赐米芾为秘书省校字郎，负责文字校对工作。从此，米芾开始走入仕途。他先后当过内府书画学博士、礼部员外郎等，但每一个官位都坐不久，这和他的性格有很大关系。他为人清高，不善于逢迎，不愿意遵守潜规则，所以他的官场生涯很不顺利。但庆幸的是，这也使他有更多的时间和精力来钻研他喜爱的书画，最终成就了一代大师。

米芾多才多艺，诗文书画都有很高成就，这和他的勤奋用功分不开。有关书籍说他："一日不书，便觉思涩，想古人未尝半刻废书也。"他一天不练习书法，就觉得思想凝滞，想来古人没有一时半刻放弃读书。他的儿子米友仁也说，大年初一大家都忙着饮酒取乐的时候，他也不忘写字。米芾写字十分认真，要求"稳不俗，险不怪，老不枯，润不肥"，即要端正而不俗气,有气势而不怪诞,老到而不枯燥,丰润而不肥壮。他曾说:"余写《海岱诗》,三四次写,间有一两字好,信书亦一难事。"他写《海岱诗》,写了三四次,只有一两个字自己觉得满意,相信要练好书法也是一件难事。

他的书法最初受五位唐代书法名家(颜真卿、欧阳询、褚遂良、沈传师、段季展)影响很深,他的很多笔法中都体现出这些人的特征。他写的"门"字右角的圆转、竖钩的陡起,都有颜真卿行书的痕迹。他的书法体势外形削刻,有欧阳询之风。沈传师的行书风格与褚遂良相似。褚遂良的用笔富有变化,米芾十分欣赏,曾称赞他的字气韵生动。米芾也学段季展,"运笔流美",笔法流畅灵动。

米芾比苏轼小十五岁,但他们私交甚好。苏轼被贬黄州之后,元丰五年(1082年),米芾到黄州拜访苏轼,苏轼指点他学晋人书法。他听从了苏轼的建议,开始到处寻访晋人法帖,得到了王献之的《中秋帖》。这个帖子对他产生了巨大的影响,也许是先入为主的原因,他总觉得王羲之的字不如他的儿子王献之。他还学习过羊欣的书法。羊欣是东晋、南朝宋时的著名书法家,善于写隶书。米芾称自己的书法是"集古字",对前代书法大师的用笔、章法都有了深刻的领悟,临摹的字几乎可以以假乱真。虽然他开始时以学习和模仿传统书法为主,但最终确立了自己的风格。

皇帝曾经向米芾询问书法,米芾称自己是"刷字",这个"刷"字准确地概括了他的书法特点:用笔迅疾而矫健,势不可挡,尽力而止。纵观他的书法作品,无论是诗帖,还是题跋,都具有畅快淋漓、雄健清新的特点。怪不得苏轼对他的书法夸了又夸,说:"米书超逸入神。"又说:"海岳平生篆、隶、真、行、草书,风樯阵马,沉着痛快,当与钟王并行,非但不愧而已。"苏轼认为他的书法已经超越俗人,进入神乎其神的境界,他的篆书、隶书、真书(汉字的主要书体,原来称今隶、楷书、正书,字形方正,笔画平直工整)、行书、草书等,都写得飘逸豪迈,沉稳酣畅,他应该和钟繇、王羲之并列,并不仅仅是在他们面前感到不惭愧而已。

米芾的书法在"宋四书家"中名列第三,在苏东坡和黄庭坚之后,但是很多人认为,如果去掉苏东坡在文坛上的地位以及黄庭坚作为江西诗派领袖的影响,仅就书法而言,米芾的功力最为深厚,尤其是他的行书,用笔干净利索，章法跌宕起伏，笔法变化多端，成就已经超过了苏东坡和黄庭坚。

米芾的传世书法作品主要有小字、大字和书札。小字作品有《苕溪诗卷》、《蜀素帖》、《方圆庵记》、《天马赋》等，《苕溪诗帖》和《蜀素帖》是米芾行书书法的代表作。大字仅有现珍藏于上海博物馆的《多景楼诗》、东京国立艺术馆的《虹县诗》、北京故宫博物院的《研山铭》。《研山铭》用笔刚健，气势奔腾，自由旷达，是米芾的成熟之作。启功先生曾经赋诗称赞说："羡煞襄阳一枝笔，玲珑八面写秋深。"他的书札，如《拜中岳命作》、《复官帖》、《秋山诗》、《伯修帖》等，信手挥洒，姿态万千，成就不亚于其他传世作品。

米芾的书法影响深远，明代董其昌对他评价甚高，在《画禅室随笔》中说："吾尝评米字，以为宋朝第一，毕竟出于东坡之上。即米颠书自率更得之，晚年一变，有冰寒于水之奇。"明代的文征明、徐渭、傅山这样的大学者也十分推崇米芾，反复临摹、学习他的作品，从中获得启发和借鉴。

除了书法作品之外，米芾还写了很多书论，《书史》、《海岳名言》、《宝章待访录》、《评字帖》等，体现了他的书法理论观点和高超的鉴赏力。他对前人理论和作品有褒有贬，并不一味沿袭，观点为历代书法家所重视，但是也有过于苛责之处。

米芾的画并没有流传下来，我们今天要研究他的绘画，只有米芾自己著

北宋米芾所书的《蜀素帖》（局部）

宋代马远所绘的《西园雅集图》（局部）。描绘了元祐元年（1086年），苏轼兄弟和米芾等人在驸马王诜的府邸西园中集会的情形，图中米芾在挥毫写字，众人围观

的《画史》可以参考，里面记录了他收藏、鉴赏古画以及自己的绘画创作心得等。这不能不说是一个遗憾。

北宋是一个文人画成熟的时代，米芾作为一个著名画家，他的绘画题材十分广泛，人物、山水、花卉都有涉及，但他成就最大的是山水画。他喜欢江南那种薄雾缭绕、瞬息万变的青山绿水，并且独创了"米家山水"，或称"米氏之山"。就是用极淡的墨色勾出云气的形状，用大小错落的横点染出山的轮廓，上密下疏，上浓下淡，点与点之间自然随意地留出空隙，山脚坡岸以淡墨卧笔横扫，然后再用简单的笔法勾勒出房舍和树枝，然后用横点点叶，这种带有独特个人风格的画法，被称为"米家山水"。董其昌在《容台别集》中十分推崇米芾："诗至少陵，书至鲁公，画至二米，古今之变，天下之能事毕矣。"米芾的儿子米友仁也是著名书画家，和父亲并称为"二米"。董其昌认为，杜甫的诗歌、颜真卿的书法、米氏父子的绘画，都达到了历史的最高峰。

米芾很有个性，有很多常人难以理解的怪癖，被人称为"米颠"。他如痴如醉地追求书画艺术，并不把功名利禄和世俗评价放在心上，这也许正是他成功的原因。

宋徽宗赵佶也是一个书法大家，他独创的瘦金体书法千古流传，米芾的名气越来越大，连皇帝都起了好奇心。有一天，宋徽宗让米芾书写御屏，想看看他的书法。米芾挥笔如风，顷刻之间写就，字体龙飞凤舞，上下如一条直线。宋徽宗看了以后大加赞赏，米芾趁机请求皇帝：砚台臣已经用过，不能再给皇上用了，就赐给臣吧。宋徽宗大笑着同意了。米芾心花怒放，他顾不得砚台上还有墨水，马上将砚台放进怀里，衣服都被染黑了。他回家之后，反复赏玩，越看越喜欢，抱着砚台共眠数日。他不仅喜欢把玩砚台，也喜欢研究砚台，他对各种砚台的产地、色泽、生产工艺等都进行了细致的考察，著有《砚史》一书。

《梁溪漫志》记载了一件有关米芾爱石的事。米芾在安徽无为做官时，听说河边发现了一块巨石，形状奇丑。人们以为是神仙石，不敢妄动，只是远远观看议论。爱石成癖的米芾听说了，马上派人把这块石头搬进了自己的寓所，摆上供桌和供品，换好衣服，向怪石下拜，口中念念有词：石兄啊，我已经想念你二十年了，今日终于得见，真是三生有幸。这事后来传了出去，被人弹劾有失官员体面而被罢了官，但米芾却毫不在意。米芾通过对奇石的研究，总结出了鉴定石头的四大要诀：即"瘦、秀、皱、透"，开创了玩赏石头的先河。

米芾晚年定居润州（今江苏省镇江市），他的居处名为山林堂，著有《山林堂》一百卷，如今多已散佚。

被湮没的文化名城——黑水城

额济纳河是我国第二大内陆河，发源于青海省祁连山东麓，全长821公里，流域面积14.29万平方公里。额济纳是党项语，意思是黑水或者黑河，在它的下游北岸的荒漠上，有一座城市，称为黑水城，又叫黑城，在蒙古语中又称哈拉浩特。

这里水草丰美，河流众多，湖泊密布，在新石器时代就有人类在这里居住繁衍。由于它正好处于南北交界处，交通便利，这里逐渐成了草原游牧部落和农耕部落进行物品交换的地方，交易规模渐大，贸易也越来越发达，后来，这里就出现了城市。虽然城市规模较小，但是由于它是河西走廊通向漠北的必经之路，战略地位十分重要。1038年，党项人李元昊在中国西部建立了政权，国号为大夏，因为它位于中国西部，因此又称西夏。西夏政权在黑水城设置了"黑水镇燕军司"，不仅调集军队来驻守黑水城，并且迁移了大批人口到这一带定居，大量屯垦种田，发展生产。到了西夏鼎盛时期，黑水城已经发展成为一座经济繁荣、文化发达的热闹城市，城内官署、店铺、民居、寺院以及各种作坊密布，人来人往，一派热闹景象。

黑水城的繁荣、平静持续了很久，一直到公元1226年，北方蒙古汗国的成吉思汗率领大军征伐西夏，一路势不可挡，首先攻克了黑水城，接着继续挥师南下，直指西夏国都中兴府。第二年，即公元1227年，西夏灭亡。

随着经济的迅猛发展和人口的繁衍增多，黑水城逐渐不能满足需要，城市扩大已经成了当务之急。于是，公元1286年，元朝在这里设置了亦集乃路总管府，负责管理这一地区以及西宁、山丹两个州府，还派遣了大量军队来黑水城驻防，并且迁来很多汉族和蒙古族人，城区人口有七八千人之多。

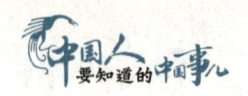

人口的增多大大促进了当地农牧业的发展，他们利用靠近额济纳河的便利条件，开凿水渠，造田近万亩。黑水城扩建改造后，城区面积增大了两倍，同时加筑了瓮城，城墙的外侧还修筑了角台等防御建筑。黑水城扩建以后，更加繁华，不仅城内有住宅区和东西大街，城外也有居民区和街市。黑水城成了元朝西部地区的军事、政治、文化中心。

公元14世纪中叶，也就是1350年左右，这座绿洲突然被沙漠吞噬，变成了一片荒漠之地，曾经繁荣热闹的城市，变成了一个人烟稀少的死寂之城，仅仅剩下一些守城的军士。到了1372年，明朝征西将军冯胜攻破此城，但他毫不犹豫地弃城而去。从此，黑水城逐渐被沙尘淹没，从历史的视野中消失了。后人来到这里，一眼就能看到西北角的城墙上耸立着五座宝瓶似的佛塔，这是黑水城的独特标志。佛塔虽然用土坯垒成，却十分坚固，历经数百年风沙侵袭，依然屹立不倒，仿佛在诉说那一段悠远的历史。

关于黑水城的消失有一个故事。隋朝时，大将韩世龙奉命驻守黑水城。有一天，天气十分异常，似乎预示着要有不寻常的事情发生。一个白发苍苍的老人背着一个背篓，沿街来回叫卖：枣梨！枣梨！虽然他不停叫卖，吸引不少人上前围观，但是他要价很高，大家都摇摇头走开了。天黑了，老人在城中吆喝了一天，一个枣梨也没有卖出去。他看上去却一点也不沮丧，在夜色中出了城，很快消失不见了。韩世龙听说了这件事，觉得十分蹊跷。他沉思半晌，突然明白了："枣

黑水城石碑

黑城（蒙古语：哈日浩特）在西夏称黑水城，黑水西夏语作亦集乃。黑水城是西夏黑水镇燕军司驻地，军司相当于今日的军区。元太祖二十年（公元1226年）归属大蒙古国。元朝至元二十三年（公元1286年），在此设置亦集乃路总管府，并扩建了城址。北元时期，该城被明朝军队攻占，明朝洪武五年（公元1372年）以后逐渐废弃。十九世纪以来，在此曾多次出土文书等珍贵文物为中外学术研究界所关注。2001年6月国务院将其公布为国家重点文物保护单位，并入居延遗址统一保护。

今日荒凉的
黑水城

梨"！不就是"早离"吗？他意命令全城军民整理行装，连夜开后不久，狂风大作，风沙骤快在沙尘中消失了踪影。虽然这一夕被沙掩埋"，但是隋朝的存在时间是公元581年到618年，黑水城在14世纪中叶才废弃，时间上有很大出入，因此这个故事并不足信。但是它至少也说明，黑水城的废弃和湮没是颇有几分神秘色彩的。一个曾经那么繁荣鼎盛、人流如织的城市毫无原因地突然从历史的版图上消失了，这背后必然有某种玄机。

识到这个老头是来点醒他的，马上离开了黑水城。果然，在他们离起，漫天都是黄尘，黑水城很事有史料记载，说韩世龙"去后

1900年之前，俄国文物贩子波塔宁、奥布鲁切夫等人来到黑水城附近，妄图通过当地人的指引寻找这座消失的城市。但是当地的土尔扈特牧民十分警惕，他们一眼看穿了这些探险者的用心，这些人的真实目的就是来寻找宝藏的。他们要么干脆拒绝，要么带领他们走上了歧路。

1909年，俄国上校、皇家地理学会会员科兹洛夫以考察野生动物的名义，带领全副武装的俄国军队来到这里，要求当地居民带路，同样也被拒绝了。科兹洛夫不死心，他找到当地的蒙古王爷，软硬兼施，又威胁又行贿，

迫使王爷答应派人带路。他们终于进入了黑水城，给这个历史古城带来了一场劫难。这伙人在城内的官衙、寺庙、民居等遗址上到处挖掘，挖出了用西夏文写的3本书和30本小册子，还有佛教塑像、佛画、钱币、餐具、饰物以及波斯文残卷等，装满了10个大箱子，满载而归。他们在王爷的帮助下，将这批珍贵文物经库伦运往圣彼得堡。这批文物激起了俄国强盗的贪婪之心，几天后，科兹洛夫重返黑水城，开始更大规模的挖掘活动，三十多座千年佛塔被毫不怜惜地刨开，城内到处变得千疮百孔。科兹洛夫这次的收获更为丰厚，他带走了能拿走的一切，并且毁掉了带不走的文物。

1926年，科兹洛夫第三次以考察的名义来到黑水城，具体情况没有留下相关记载，我们无从得知。可以想象的是，黑水城里的文物在他的疯狂掠夺和破坏下，已经损失大半。

科兹洛夫前后从黑水城盗走的文物有西夏文刊本和写本八千多种，还有大量用汉文、藏文、回鹘文、蒙古文和波斯文等写成的书和经卷，这些古书版本完整，数量庞大，是研究西夏王朝以及当时的宋、辽、金、元等朝代历史的宝贵资料，另外还有陶器、铁器、纺织品、雕塑、绘画等珍贵文物，具有莫大的历史价值。

科兹洛夫因为对黑水城的挖掘一下子出名了，他在沙皇居住的夏宫内向当政者尼古拉二世用幻灯片展示了他在黑水城的伟大发现。黑水城，这个淹没在沙漠深处的古老城市引起了世界各地探险家的狂热兴趣，在科兹洛夫之后，美国人、日本人、英国人，都加入了对黑水城进行探险和掠夺的队伍中。黑水城遭受了一轮轮无情的洗劫，有价值的文物几乎损失殆尽。

新中国建立后，我国考古工作者来到黑水城，对劫后的废墟进行了科学考察，找到西夏文献三千多页，但是大多为残页，这和掠夺者拿走的文物相比，是沧海之一粟。

黑水城的文物大部分散落于世界各地的博物馆和图书馆，尤其是俄国的圣彼得堡博物馆，那里陈列着大量西夏时期的雕塑、壁画、绘画等珍贵文物。很多中外学者已经开始关注这批珍贵文献，进行了大量的编目、考订工作，《俄藏黑水城文献》、《中国藏黑水城汉文文献》等书陆续出版，并且形成了两个专门学科：黑水城文献与西夏学。

金朝"文士领袖"赵秉文

赵秉文,字周臣,号闲闲居士,晚年自称闲闲老人,磁州滏(fǔ)阳(今河北省磁县)人。他是金代的书法家、文学家、理学家,"历五朝,官六卿",前后主宰文坛四十年之久,经历了金王朝由盛转衰的过程,是金朝末期的"文士领袖"。

他出生于正隆四年(1159年),从小聪明好学,金世宗大定二十五年(1185年),二十六岁的赵秉文中了进士,历任邯郸令、唐山令、南京路转运司都勾判官。金章宗明昌六年(1195年),他因为政绩出色而调入中都府,任翰林文字,同知制诰。当时朝廷中风云变幻,狡猾奸诈的胥持国依靠权术登上了宰相的位置,萧国公完颜守贞失势。刚刚入朝做官的赵秉文大胆向皇帝上书,骂宰相胥持国为小人,称赞完颜守贞为君子,建议重新起用完颜守贞。金章宗完颜璟很不高兴,他怀疑赵秉文是受人指使,背后隐藏着某股朋党势力。于是他逮捕了赵秉文并加以审讯,要挖出他幕后的黑手。赵秉文到底是个没有政治经验的文人,供出他曾经和王庭筠等人私下议论过。金章宗对朝臣们拉帮结派的做法非常反感,立刻将这些人全部拿下问罪,各杖七十,赵秉文本人也被罢官,赶出京城。此事招致了士大夫们的谴责,认为赵秉文没有担当,牵连他人,对他颇有微词。赵秉文为此一度消沉下去,但后来被重新起用,任同知岢(kě)岚军州事、北京路转运司支度判官。泰和二年(1202年),赵秉文重新入朝为户部主事,翰林修撰。金宣宗兴定元年(1217年),赵秉文任礼部尚书,兼侍读学士。金哀宗即位,他又任翰林学士。虽然在仕途上经历了一些波折,但赵秉文最终在政坛上确立了自己的地位。他为人真诚,平易近人,元好问撰写了《大金礼部尚书赵公神道碑》,上面说他"仕五朝,官六卿,

自奉养如寒士",官至公卿,但是他身份低微、生活朴素的读书人。虽然他五朝为官,仍然生活得像一个

如同每一个成功的学者一样,赵秉文生性好学,自幼到老,没有一天不在学习,因此他诗文书画皆工。金人刘祁认为他"平日字画功夫最深,诗其次,又其次散文",说他的字画成就最高,诗次之,散文位列最后。

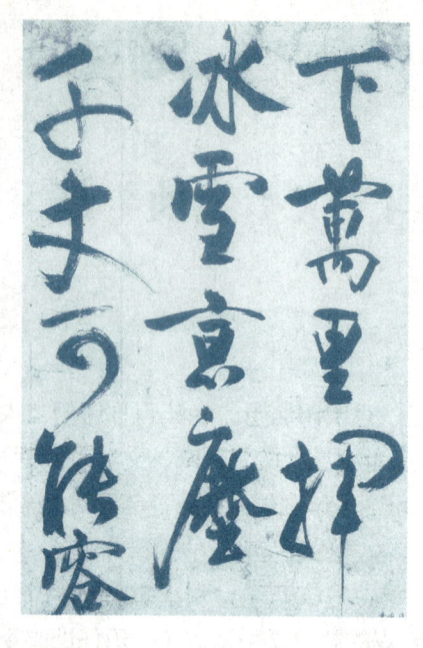

赵秉文的书法与同时代的党怀英、王庭筠齐名。王庭筠是米芾的外甥,书法以米芾为师,深得其精髓,当时的人甚至认为王庭筠的书法"不在米元章(即米芾)之下"。刘祈在《归潜志》中说:"赵秉文幼年诗与文皆法子端(王庭筠),后更学太白、东坡,字兼古今诸家学,及晚年书大进。"赵秉文最初向比自己年长八岁的王庭筠学习书法,有米芾之风骨,气势凌厉。后来他向李白和苏轼学习,又兼有苏轼的丰满沉稳。他兼取古今众多书法名家之长,晚年的时候书法技艺精进。元好问在《中州集》中评价赵秉文的书画有魏晋风范,遒劲的草书尤其出色。很多人喜欢赵秉文的书法,常常向他求字。他应接不暇,十分苦恼,后来他干脆在礼部的厅壁张贴告示:"当职系三品官,为人书扇面失体,请诸人知。"在他家的门外也贴了纸条,上面写着:"老汉不写字。"但是有熟识的朋友再三请求,他也不忍心拒绝。不过,如果来人是他不喜欢的人,再怎么恳求,他也拒绝动笔。他的真迹流传下来的很少,书法有《赵霖昭陵六骏图题赞》、《宋朱锐赤壁图题词》、《跋武元直赤壁图卷》等,刻本有《书苏轼赤壁赋》等。近年来,在邓州又发现了赵秉文的《般若波罗蜜多心经》石刻。这是他晚年七十一岁高龄时的作品,虽然他在石刻上自谦"老来手腕无力,写不成字",但是这幅作品流畅遒劲,章法有序,气势如虹,有米芾之神韵。

金代赵秉文所书的《跋武元直赤壁图卷》(局部)

金代赵秉文所书的《赵霖昭陵六骏图题赞》（局部）

在当时的文坛上，赵秉文的文名也十分响亮。他的文章"长于辨析，不以绳墨（比喻规矩或法度）自拘"，朝廷中的诏书、册文、表以及国书等多出自其手。他草拟的《开兴改元诏》写得十分感人，街头巷尾传诵不已，洛阳人拜读了诏书后，全城人都掩面痛哭。卫绍王大安三年（1211年），党怀英逝世后，他成为文坛上的领军人物。他的散文和古赋宛若行云流水，天然去雕饰，代表作有《适安堂记》、《涌云楼记》、《海青赋》、《游西园赋》等。他的诗主要是对自然风光的描绘，代表作有《济源四绝》、《从军行送田琢器之》等。元好问说他的五言诗恬淡淳朴，像陶渊明的风格。他还著有《易丛说》、《中庸说》、《扬子发微》、《列子补注》等。他晚年的时候，金朝由盛世走向末路，在深感无奈之时，赵秉文转向禅学来寻求精神安慰。正大九年（1232年）五月，因病逝世。有《闲闲老人滏水文集》传世。

白朴与《梧桐雨》

唐明皇与杨贵妃的爱情故事千百年来流传不衰，白居易根据这个历史故事，写了一首长篇叙事诗：《长恨歌》，婉转动人，感人至深。几百年后，元代有个戏曲家也据此写了一个剧本，用抒情的风格和华美的文辞，再一次展现了这个凄美的爱情故事。这个戏曲家就是白仁甫，这个剧本叫《梧桐雨》。

白朴，原名恒，字仁甫，后来改名朴。他是汉族人，祖籍隩州（今山西省河曲县），后来移居到真定（今河北省正定县），晚年又搬到金陵（今南京市）。他出生于宝庆二年（1226年），去世日期不详。他是元代著名的杂剧家、文学家、曲作家，和关汉卿、马致远、郑光祖合称为元曲四大家。他的代表作除了《梧桐雨》之外，还有《墙头马上》等。

白朴出身于官僚士大夫家庭，他的父亲白华是金宣宗三年（1215年）的进士，官做到枢密院判。白家和元好问家为世交，常常来往，互相以诗文唱和应答。

《元曲选》本《墙头马上》的书影

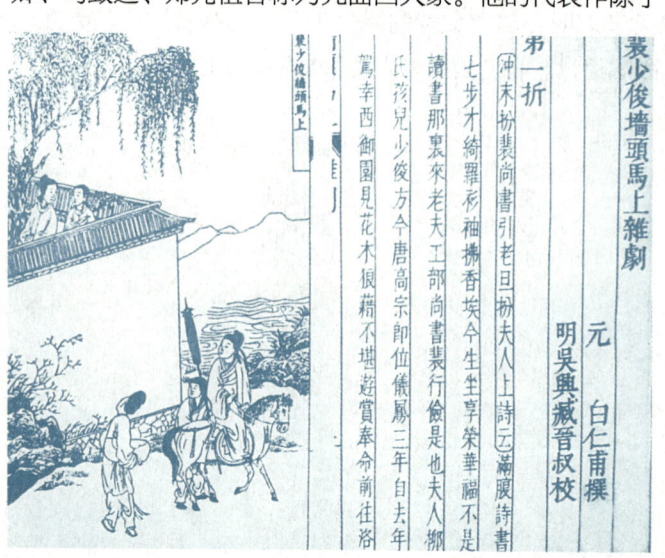

白朴虽然是一个官宦子弟，但是却生逢乱世，不能过闲适的生活。1211年，蒙古可汗成吉思汗亲自率领大军攻打金国，势如破竹，三年之间连破九十余郡。金国只好迁都到开封，并且向蒙古求和。1214年秋，成吉思汗再次带兵南下，攻破中都，大肆掠夺一番得胜回师。1229年，窝阔台即汗位。1230年，他继承父亲的遗志，率军大举攻打金国，金国政权立刻处于风雨飘摇之中。这时，白朴才四五岁。他的父亲在朝廷中为官，整日为了金朝的生存而奔忙，根本没有精力照顾家庭，白朴同家人在惊惶中度日。金哀宗天兴元年（1232年），蒙古军攻打金国都城汴京，金哀宗弃城逃离，白华只好留下在汴京的家人，随哀宗北上。第二年三月，汴京被攻破，蒙古军烧杀抢掠，白朴母子在混乱中失散。幸亏元好问当时也在城内，收留了白朴和他姐姐。四月，元好问带着他们渡河北上，寄居在冠氏（今山东省冠县）县令赵天锡那里。白朴小小年纪就经历了颠沛流离，染上了瘟疫，元好问对他悉心照顾，他才脱离了危险。元好问是金代著名的文学家、诗人，他精心培养幼小的白朴，教他读书识字，学习为人处世的道理。

　　金朝灭亡以后，白朴的父亲白华投降了南宋，后来又投降元朝，到真定守将史天泽处任职。这一年秋天，元好问在从冠氏回太原的路上经过真定，将白朴姐弟俩送到白华这里，失散的家人劫后余生，终于团聚了。白朴的父亲十分感激元好问，他在诗中流露了这一感情：顾我真成丧家犬，赖君曾护落巢儿。

　　白朴在父亲的严格要求下，继续学习诗词歌赋，很快就有了名气。元好问也很关心他的学业，每次到白家都要对白朴进行指导。他很欣赏这个又聪明又有灵气的孩子，作诗夸奖白朴说："元白通家旧，诸郎独汝贤。"他说元白两家交好，这么多儿郎里面，只有白朴资质最好。他希望白朴能够刻苦用功，成为一个优秀的人才，做一番事业。

　　幼年的这段沧桑经历，在白朴心中刻下了深深的伤痕，蒙古军队残暴的行为使他产生了抵触和厌恶的情绪，他决心在元朝治下独善其身，远离仕途，不为元朝效力。因此，中统二年（1261年），他拒绝了史天泽的引荐。事后，他觉得不便再在真定久居，就弃家去南方游历。他一生中有大半时间都在天南海北的游历中度过，直到五十四岁时才定居金陵。社会阅历的丰富，给他的创作提供了很好的素材。他在游历中看到曾经的繁华市镇在蒙古人燃起的战火中变为荒凉之地，无限感慨和感伤。元世祖至元十四年（1277年），白朴到了九江，看到昔日莺歌燕舞的地方变得萧条冷落，不由得叹息不已："篡罢不知人换世，兵余独见川流血，叹昔时歌舞岳阳楼，繁华歇。"这种江山易主、物是人非的境况，极大地影响了他的思想，在他创作的元杂剧中投射下时代的背影。根据元代钟嗣成的《录鬼簿》记载，白朴写过15种剧本，包括《唐明皇秋夜梧桐雨》、《祝英台死嫁梁山伯》、《萧翼智赚兰亭记》等，加上另一本书《盛世新声》记载的《李克用箭射双雕》，共16种。现在只留存有《唐明皇秋夜梧桐雨》（即《梧桐雨》）、《董秀英花月东墙记》、《裴少俊墙头马上》（即《墙头马上》）三种以及《韩翠颦御水流红叶》和《李克用箭射双雕》的残折。

在元代杂剧的圈子里，白朴具有十分重要的地位，研究元代杂剧，不能不提及白朴。虽然和元杂剧四大家之首的关汉卿相比，白朴的题材范围没有那么广阔，他接触下层人民较少，剧作多取材于历史，但他利用前朝故事进行铺陈，推演出新的情节和主题，词采华美，情深意切，令人耳目一新。

他的代表作《唐明皇秋夜梧桐雨》，通常称为《梧桐雨》，取材于唐代陈鸿的传奇小说《长恨歌传》和白居易的诗《长恨歌》，描绘了唐明皇和杨贵妃二人的宫廷爱情悲剧。《长恨歌》里有"春风桃李花开日，秋雨梧桐叶落时"的句子，白朴就以"梧桐雨"作为这个杂剧的名称。这是一个末本戏，正末是唐明皇李隆基。元杂剧一般分别由男主角或者女主角一人主唱，由男主角演唱的杂剧

元代钱选所绘的《杨贵妃上马图》

称为末本戏，由女主角演唱的杂剧称为旦本戏。这部剧为四折一楔子，剧情主要是：安禄山因未完成军令而被押到京城问罪，唐明皇不仅没杀他，反而赐官。安禄山与杨贵妃私通，埋下了悲剧的种子。天宝十四年（755年），安禄山为了夺取江山和杨贵妃，发动安史之乱，唐明皇带着杨贵妃仓皇逃跑到了四川。到马嵬（weí）驿时，军队哗变，要求杀掉导致这场战乱的杨贵妃。唐明皇无奈，只好令杨贵妃自尽。唐肃宗收复京都后，已经退位的太上皇李隆基孤独地住在西宫，每天都看着贵妃的画像感伤不已，追忆着往日的欢乐。一天夜里，唐明皇在梦中见到了依然雍容华贵、容颜绝世的贵妃，正在他满心欢喜的时候，却被梧桐树上滴落的雨声惊醒。

清代李昭道所绘的《明皇幸蜀图》。描绘安史之乱时，唐玄宗李隆基为了避难，带着杨贵妃在蜀中行走的情景

剧作的最后描绘了唐明皇从美梦中醒来，发现一切都是一场空的时候，那种惆怅万分的心情，词采动人，很有感染力。"斟量来这一宵，雨和人紧厮熬。伴铜壶点点敲，雨更多泪不少。雨湿寒梢，泪染龙袍。不肯相饶，共隔着一树梧桐直滴到晓。"

白朴将唐明皇和杨贵妃的爱情悲剧放在那个时代的大背景下，他并未对男主角唐明皇进行简单的脸谱化的处理，而是在批判他骄奢淫逸、贪恋美色、断送江山的同时，又表现了他对爱情的真挚专一。白朴自己切身体会过亡国之痛，从小饱受战乱之苦，因此他在李家王朝的覆灭过程中寄托了自己的深切同情，表达了自己的兴亡之叹。

王实甫与《西厢记》

唐代有个大诗人叫元稹，他和白居易共同倡导了新乐府运动，被世人并称为"元白"。他出生于河内县清化镇的赵后村，邻村是崔庄，崔庄有个小女孩叫崔小迎，他们两人常常在一起玩耍，"郎骑竹马来，绕床弄青梅"。后来，元稹的父亲早早逝世，小迎一家更是待他如亲人一般，两个人私订终身。元稹天资聪颖，又刻苦攻读，很快就踏入仕途，并且得到了太子少保韦夏卿的赏识，要招他为婿。他迫于权势，和韦夏卿的女儿韦丛结为夫妻，从此再也没有见过小迎。他深深怀念自己这段纯真的感情，写下了传奇《莺莺传》，后人又称为《会真记》。

这篇作品讲述贞元年间，书生张生在旅居蒲州普救寺期间，发生了兵变，危急时刻，他救护了也住在寺中的表亲崔氏母女。在答谢宴上，他被崔莺莺的美貌打动，一见倾心。在莺莺的贴身婢女红娘的帮助下，两人偷偷相会，私订终身。张生赴京赶考，得到功名以后抛弃了莺莺。这些经历和作者元稹当初的经历十分相似，很多人认为这是元稹的自传。但是在故事的末尾，张生跟朋友谈及此事时，说莺莺是"必妖于人"的"尤物"，自己"德不足以胜妖孽"，只好忍痛放弃，他将自己这种始乱终弃的行为说成是"善于补过"，显然有美化自己的嫌疑。

这段凄美的爱情故事引起了后世很多文学家的兴趣，金代有董解元的《西厢记诸宫调》，在这个故事的基础上增加了很多内容，并且将结

唐代元稹所著的《会真记》书影

局改成张生和莺莺双双出走投奔白马将军，顺利完婚。诸宫调是当时流行的一种大型说唱艺术，有说有唱，以唱为主，用琵琶和筝伴奏，类似于现代的评弹。后来，元人王实甫又将它改编成多人演出的剧本《西厢记》，在艺术上更进一步，辞藻华美，文学性大大提高。和前代的《西厢记诸宫调》相比，《西厢记》在思想上更为深刻，具有更鲜明的反对封建礼教的主题。虽然最后也以"功成名就"和"有情人终成眷属"为结局，但是在剧中，张生和莺莺都把爱情置于功名利禄之上，张生为了莺莺"滞留蒲东"，不去赶考；莺莺在长亭送别时叮嘱张生如果应试不中，就马上回来，"但得一个并头莲，煞强如状元及第"。它最突出的成就是改变了元稹《莺莺传》的主题思想，塑造了一对性格鲜明的男女主人公，他们忠实于爱情，勇敢地冲破封建礼教的束缚，用不断的抗争得到了美满结果。

这部剧一上演就引起了轰动，万人空巷，百姓扶老携幼，争相观看。清代著名文学批评家金圣叹将《西厢记》评为第六才子书，给予很高评价。这六本才子书分别是：《庄子》、《离骚》、《史记》、《杜诗》、《水浒传》、《西厢记》。

王实甫（1260年—1316年），大都（今北京）人，关于他的生平，史籍上记载不多。他的父亲叫王逖(tì)勋，曾经跟随成吉思汗西征到了西域，娶了信仰伊斯兰教的回回女子，官至礼部尚书和太原郡侯。王实甫出身于这样一个官宦之家，也曾踏入仕途，从县官做起，后来升为陕西行台监察御史，但是他生性耿直，秉公办事，跟上司意见不合，四十岁就弃官回到大都。元大都的西四砖塔胡同一带，有数十处勾栏（相当于现在的戏院），是元杂剧演出的主要场所，人来人往，三教九流混杂。他经常在这里流连，体会下层百姓的生活，倾听那些发生在普通人中间的悲欢离合，开始进行戏剧创作。他的儿子王结也在官场混得不错，官至中书左丞、中书参知政事。他看自己的父亲一大把年纪了，却总是在风月场里厮混，不务正业，觉得很是丢脸，他不止一次劝父亲在家里安心养老，但王实甫乐此不疲，潜心创作，根本不听，后来王结无可奈何，也就随他去了。

王实甫辛勤地伏案写作，著作颇丰，著有杂剧十四种，现在存有《西厢记》、《丽堂春》、《破窑记》三种，但也有人怀疑《破窑记》不是他写的。《西厢记》是他的代表作，也是元代杂剧中最优秀的作品之一，被誉为:"新杂剧,旧传奇,《西厢记》天下夺魁。"

《西厢记》的主要内容是:崔相国去世,他的夫人郑氏带着女儿崔莺莺送丈夫灵柩回河北安平安葬,途中因故暂住普救寺。莺莺和婢女红娘在寺内游赏时碰到了进京赶考的张生。张生对莺莺一见钟情,留下来不走了。他不断找机会接近莺莺,赢得了美人芳心。就在两情相悦之时,发生兵变,叛将孙飞虎听说崔莺莺有倾国倾城之貌,就领兵围住普救寺,逼老夫人交出莺莺。老夫人在危急之中许诺,谁能杀退贼军,就将莺莺许配给谁。张生挺身而出,稳住孙飞虎,同时暗中写信给自己的八拜之交——征西大元帅杜确,请他出手解围。杜确派救兵打退了孙飞虎。老夫人却事后反悔,以莺莺早已经许配给郑恒为由,让张生与莺莺结拜为兄妹。她的出尔反尔造成了一对有情人的痛苦,两个人只好偷偷幽会,感情更加深厚。老夫人发觉情况有异,叫来红娘逼问,得知真相。红娘仗义执言,说这是老夫人的过错,不该言而无信。老夫人只好告诉张生,要想娶莺莺,必须考取功名。张生果然考中状元,但事情并未到此为止。郑恒来到普救寺,撒谎说张生被尚书招为佳婿,老夫人就答应将莺莺嫁给他。在成亲那一天,张生以河中府尹的身份归来,谎言被戳穿,郑恒自尽,有情人终成眷属。

《西厢记》在戏剧冲突、情节安排、人物塑造等方面,都取得了很高的艺术成就,在思想性、艺术性上都超出了同时代的其他剧作。在主题上,它没有停留在一般感情剧的"才子佳人"模式上,否定了封建社会传统的婚姻模式,强调真挚的爱情,蔑视功名利禄,具有鲜明的反封建主题。它在结尾处表达了"愿普天下有情人终成眷属"的美好愿望,在中国文学史上是第一次,极大地影响了人们的爱情观和生活观。在艺术上,它巧妙安排戏剧矛盾,一环扣一环,情节曲折,善于描写人物心理,用环境来渲染气氛,将不同身份和地位的人物形象刻画得入木三分。剧中文辞十分优美,情真意切,充满诗情画意,一直为人们所传诵。

王实甫在杂剧体例上也有所突破和创新。元杂剧一般是一本四折,《西厢记》突破了这个旧体制,用五本二十一折来讲述这个动人的爱情故事,一折戏中多以一人为主唱,但是也根据剧情需要,有若干折由数人轮唱。这样一来,内容更加丰富,人物更加生动,场面更加复杂,情节也更加紧凑。这部剧作问世以后,得到很高评价,在中国文学史上产生了广泛而深刻的影响，此后的《牡丹亭》等都从中有所借鉴。

"文辞华丽"，是《西厢记》的艺术特点，连清代著名文学家曹雪芹都在《红楼梦》中，借林黛玉之口，称赞它"曲词警人，余香满口"。作者吸取了唐诗宋词的精华，又融入了当时民间生动活泼的口语，经过反复锤炼，形成了流畅秀美的语言风格。明朝初年，著名戏曲评论家朱权在《太和正音谱》中称赞《西厢记》："如花间美人，铺叙委婉，深得骚人之趣。极有佳句，若玉环之出浴华清，绿珠之采莲洛浦。"张生在第一本第四折中唱道："有心争似无心好，多情却被无情恼。好句有情怜夜月，落花无语怨东风。"这是化用了宋代苏东坡的词《蝶恋花》："笑渐不闻声渐悄，多情却被无情恼。"第三本第二折："待月西厢下，迎风户半开。拂墙花影动，疑是玉人来。"生动地表现出张生在月夜里紧张又充满希望地等待莺莺的心情。再比如"长亭送别"那一折："碧云天，黄花地，西风紧，北雁南飞。晓来谁染霜林醉？总是离人泪。"这支曲化用了范仲淹的《苏幕遮》，既写了秋天的萧条之景，又写了离人的惆怅之情，情景交融，令人拍案叫绝。这些充满诗情画意的词句，在《西厢记》里面到处都是，真是美不胜收。

《西厢记》不仅在中国得到高度评价和广泛喜爱，而且还走出国门，走向世界，迄今为止，已经有英文、拉丁文等多种文字的译本出现，一位日本汉学家说，它已经"成为世界戏剧史上的伟大文学作品了"。

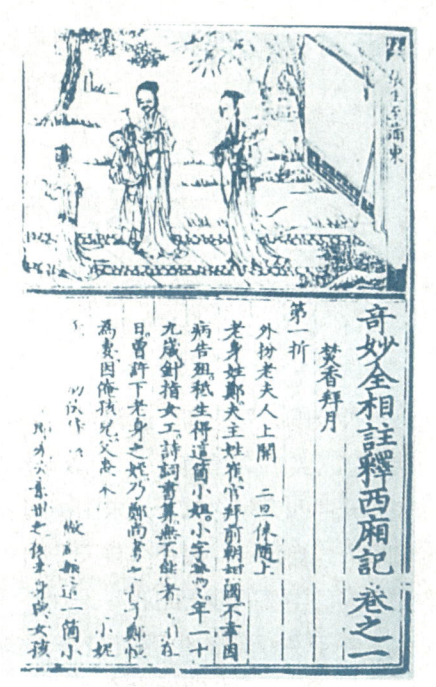

明弘治年间刻本《西厢记》书影

关汉卿和《窦娥冤》

关汉卿，号已斋、已斋叟，解州（今山西省运城市）人。他大约生于金代末年（约1220年前后），卒于元成宗大德初年（1300年），是元代杂剧家，元曲四大家之首。元末明初的杂剧家贾仲明称他为"梨园领袖"，关汉卿本人也自称："我是个普天下的郎君领袖，盖世界浪子班头。"现在，他被称为"中国的莎士比亚"。

关于关汉卿的生平资料并不多，我们只能从零星的记载中得知一星半点。他生活的年代为金末元初，政治黑暗，社会动荡，阶级矛盾突出，老百姓生活在水深火热之中。关汉卿从小就博览群书，多才多艺，能歌善舞，是著名的才子。他由金朝进入元朝，自视为前代遗民，不屑于为元朝服务，拒绝出来做官，长期混迹于勾栏之间，交游广阔，和文人雅士、青楼歌妓有密切来往。他和当时著名的杂剧家王实甫、杨显之、王和卿和著名杂剧女演员珠帘秀等人一起在大都（今北京）成立了玉京书会，常常进行聚会研讨。关汉卿是这个书会的领袖，这个书会里的作家称为才人，他们大多是落魄文人，有较高的文学素养，由于没有其他谋生门路，只好为勾栏瓦舍的演出活动写剧本。他们的社会地位不高，和杂剧艺人同病相怜，在共同的生活中建立了深厚的友谊。关汉卿曾经写了《南吕一枝花》赠送给珠帘秀，夸她"十里扬州风物妍，出落着神仙"。

关汉卿长期和下层人民在一起，对被压迫者的苦难生活有深刻了解，用自己的作品表达了无限同情。他是个高产杂剧家，一生创作了67部杂剧，现存18部。《窦娥冤》、《救风尘》、《望江亭》、《拜月亭》、《鲁斋郎》、《单刀会》、《调风月》是他的代表作。

关汉卿的杂剧深刻反映了社会现实，折射出那个黑暗动荡的时代，他揭露了官场的黑暗和豪强的残暴，也赞美了人民的英勇反抗精神。在他的作品中，最为出色的形象是各有特点的普通妇女，如蒙冤的窦娥、妓女赵盼儿、寡妇谭记儿等，她们地位卑贱，虽然聪明、善良、正直，但是在特权阶级当道的社会里，遭受了种种不公和凌辱。她们明知道自己的力量微弱，但是依然英勇不屈，敢于反抗黑暗势力。

元代关汉卿所著的《感天动地窦娥冤》的明万历刻本

《窦娥冤》就是这样一部歌颂女性英勇斗争的杂剧。它所塑造的"窦娥"这个形象，成为元代社会底层因被压迫而走向反抗的妇女代表。这部剧取材于《列女传》中的《东海孝妇》。孝妇年轻守寡，没有儿子，尽心照顾婆婆，但婆婆怕拖累她，就自缢而死。婆婆的女儿向官府告状，控诉她杀了婆婆，官府就逮捕了她，屈打成招。孝妇被斩时，许下三个愿望，如果她是被冤枉的，血将倒流，六月飞雪，大旱三年。果然，她的三个愿望都一一实现。新太守亲自祭奠她的坟墓，表彰她的言行，天才下起雨来。这个故事流传甚广，对后世影响深远，关汉卿对这个故事产生了强烈的兴趣，他据此创作出了《窦娥冤》，这部剧被列为中国十大古典悲剧之首。这十大古典悲剧分别是：《窦娥冤》、《汉宫秋》、《赵氏孤儿》、《琵琶记》、《精忠旗》、《娇红记》、《清忠谱》、《长生殿》、《桃花扇》、《雷峰塔》。

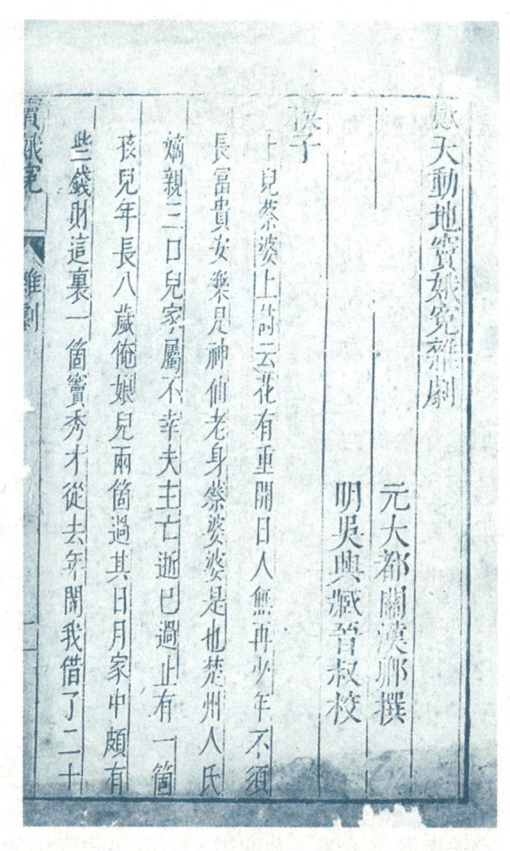

《窦娥冤》为四折一楔子，故事比《东海孝妇》更加复杂曲折，关汉卿在其中增加了很多反映社会现实的内容。他从窦娥小时候的经历讲起，并且

改变了导致窦娥入狱的关键情节。山阴书生窦天章因为无力偿还蔡婆的高利贷，只好把七岁的女儿窦娥送给蔡婆当童养媳。窦娥长大后与蔡婆的儿子成亲，但两年后丈夫病死。蔡婆因为索债差点被赛卢医谋害，这件事正好被张驴儿父子看到了。张驴儿父子借口救命之恩强迫蔡婆与窦娥招赘他们，但窦娥宁死不从。张驴儿为了和窦娥成亲，把毒药放在羊肚汤里，想毒死蔡婆，却误打误撞毒死了自己的父亲。张驴儿反咬一口，说窦娥药死了公公。官府不问青红皂白，将窦娥斩首。她的父亲窦天章经过苦读，考取进士，以肃政廉访使的身份到山阴考察吏治。窦娥的鬼魂向父亲诉说冤情，窦天章查明真相，为女儿平反昭雪。

关汉卿用这段故事真实深刻地反映了当时社会的黑暗和残酷以及底层人民求告无门的悲惨处境，用大胆的想象和浪漫主义手法，设计出奇诡的情节，表达了自己爱憎分明的立场，替广大被压迫者、被剥削者喊出了要求公平和正义的心声。剧本的语言不加雕琢，质朴自然，感情色彩强烈，很好地表现了剧中人物的不同性格，评论家一向都用"本色"二字来概括它的语言特色，称它为"本色派之首"。

临刑前，在《滚绣球》一曲中，窦娥悲愤控诉："有日月朝暮悬，有鬼神掌着生死权。天地也，只合把清浊分辨，可怎生糊涂了盗跖、颜渊。为善的受贫穷更命短，造恶的享富贵又寿延。天地也，做得个怕硬欺软，却原来也这般顺水推船。地也，你不分好歹何为地？天也，你错勘贤愚枉做天！

元代关汉卿所著的《感天动地窦娥冤》插图

哎，只落得两泪涟涟。"在残酷的现实面前，她不再相信天地鬼神能替贫穷百姓主持正义，她觉醒了，不再抱有幻想。她指责天地鬼神善恶不分，致使坏人横行，好人蒙冤。这段话表达了她强烈的反抗精神，也反映了作者对于当时现实的失望。但是关汉卿虽然意识到社会中存在的严重问题，却找不到有效的方法来改变现状，只好在结尾处仍然借助鬼神的力量，为窦娥伸张了正义。这是一个封建时代作家的阶级局限性和历史局限性。

赵孟頫书画双绝

在元代有个人出身名门，"被遇五朝，官居一品，名满天下"，不仅仕途顺利，而且书画双绝，影响后世数百年，被称为"元人冠冕"，风头一时无两。这个人是谁？他就是赵孟頫（fǔ）。

赵孟頫（1254年—1322年），字子昂，号松雪道人，又号水精宫道人，浙江吴兴（今浙江省湖州市）人。他是宋太祖赵匡胤的十一世孙，秦王赵德芳之后。虽然出身贵胄之家，但他生不逢时，在他的青少年时期，南宋王朝已经岌岌可危，局势十分动荡。他的父亲赵与告官至户部侍郎兼临安知府和浙西安抚使，是一个饱读诗书的知识分子，家中收藏很丰富，赵孟頫从小就受到了良好的教育。但是在他11岁时，父亲去世了，从此他家开始走下坡路，一日不如一日。祥兴二年（1279年），在厓（yá）山海战中，陆秀夫背着八岁的小皇帝跳海而死，南宋彻底灭亡，忽必烈统治全中国。赵孟頫回到故乡吴兴，过起平淡的隐居生活。

至元二十三年（1286年），行台侍御史程钜夫奉诏前往江南求贤，将赵孟頫等二十余人推荐给元世祖忽必烈，除了谢枋得等少数几个人坚决推辞之外，其他人都答应出仕。到了京城以后，元世祖马上接见了他们，见赵孟頫"才气英迈，神采焕发，如神仙中人"，大喜过望。赵孟頫入朝第二年，元世祖就任命他为兵部郎中，从五品官阶。两年以后，又提拔他为集贤直学士，从四品。至元二十九年（1292年），他又出任同知济南路总管府事（四品官），在济南过起了清闲自在的日子。

在济南，他写下了一首颇负盛名的七律《趵突泉》：

泺水发源天下无，平地涌出白玉壶。
谷虚久恐元气泄，岁旱不愁东海枯。

云雾润蒸华不注,波涛声震大明湖。
时来濯足上尘土,冰雪满怀清兴孤。

这首诗影响很大,后人纷纷唱和。其中"云雾润蒸华不注,波涛声震大明湖"一句,被镌刻在今天趵突泉边的泺源堂门前的楹柱上。这首诗的手书真迹现藏于台北故宫博物院。他在济南待了三年,尽情领略了济南美丽的湖光山色。元贞元年(1295年)秋天,他称病辞官,回到故乡归隐。这一年的冬天,他见到了自己的好友周密。周密祖籍济南,但是他却出生、成长于江南吴兴,后来南宋灭亡后,他隐居于杭州,一生都没有踏上济南半步,但他却始终都认为自己是济南人,十分怀念故乡。赵孟頫为了安慰友人,就为他画了一幅《鹊华秋色图》,描绘了济南北郊鹊山一带的秋景。

元贞元年(1295年),元世祖去世,元成宗需要修撰《世祖实录》,将赵孟頫召回京城。此后,赵孟頫历任集贤直学士、翰林侍读学士、中奉大夫等官职。延祐三年(1316年),元仁宗又晋升赵孟頫为翰林学士承旨、荣禄大夫,从一品官衔,赵孟頫的政治地位达到了一生中的顶峰。元仁宗对赵孟頫十分赏识,除了一再给他加官晋爵,还对他十分礼遇,只称呼他的字"子昂",而不直接叫他的名"孟頫"。他晚年名声显赫,在元朝文人中首屈一指。怪不得元末画家、鉴赏家夏文彦在《图绘宝鉴》中称赞他"荣际王朝,名满四海"。元英宗至治二年(1322年),赵孟頫

元代赵孟頫所书的《归去来兮辞》(局部)

在故乡吴兴逝世,享年六十九岁。他死后被追封魏国公,谥号"文敏"。

赵孟頫学识渊博,多才多艺,能诗善文,他不仅懂经济,工于书法,精于绘画,还懂音乐,会鉴赏,堪称全才。尤其是书法和绘画成就最高,被称为"元人冠冕"。

赵孟頫从五岁就开始学习书法,几乎从来没有间断,直到临死前,还在家里看书写字,对书法的追求一生都没有停止。他擅长篆书、隶书、真书、行书、草书等多种书体,尤其楷书和行书更是写得出神入化,誉满天下。《元史》中写道:"孟頫篆籀(zhòu)分隶真行草无不冠绝古今,遂以书名天下。"他的书法秀逸明媚,笔法圆熟,称"赵体"。他与颜真卿、柳公权、欧阳询并称为楷书四大家,还被称为王羲之二代。他的书法作品流传下来很多,代表作有《千字文》、《洛神赋》、《胆巴碑》、《归去来兮辞》、《兰亭十三跋》、《赤壁赋》、《道德经》等。

在中国绘画史上,赵孟頫也有非常重要的地位。他山水、人物、鞍马、竹石、花鸟无所不能,工笔、写意、青绿、水墨无所不精。他的山水画,师法南唐山水画开山大师董源和北宋大画家李成;他的鞍马画,则向"宋画第一人"李公麟学习;他的花鸟画成为后世画家的范本;他提出"书画本来同"的口号,使用书法的笔调来画墨竹,笔法苍劲,打破了南宋画院的固定画风。

赵孟頫的《兰竹石图》就充分体现了以书法入画的特色。这幅画中间

元代赵孟頫所绘的《人骑图》。这是他的得意之作

元代赵孟頫所绘的《红衣罗汉图》。图中身着红色袈裟的罗汉盘腿坐在青石上，左手前伸，似在说法

绘有一组重叠的乱石，他用正锋和侧锋的狂草笔法勾勒出石头的简洁外形，动感十足；又用行楷的中锋笔法描绘出竹叶和兰草，严谨工整；两种笔法形成鲜明对比，相得益彰，浑然天成，是他以书入画的代表作。赵孟頫曾经说过："宋人画人物，不及唐人远甚，予刻意学唐，殆欲尽去宋人笔墨。"他认为宋代画家画人物，远远不及唐代画家的水平，他刻意借鉴唐人画家的画法和画风，尽量避免宋代画家画人物时的弊端。他在四十三岁的时候，画了一幅《人骑图》，这幅画用铁线描和游丝画法描绘出人和马的线条，柔和生动，造型自然，意态从容，颇有唐代遗风。他自己也很得意，在自题中自信地写道："此图不愧唐人。"他在题跋中还说："吾自少年便爱画马，六岁得见韩干真迹三卷，乃始得其意之。"意思是说，他从小就对画马有浓厚的兴趣，六岁时见到韩干的三卷真迹，才得到古人画法的精髓。明代人王世贞对赵孟頫也十分推崇，他说："文人画起自东坡，至松雪敞开大门。"这充分说明了赵孟頫在中国绘画史上的重要地位。

他流传下来的画作散落在各个地方，《重江叠嶂图》和《鹊华秋色图》在台湾，《双松平远图》在美国，《秋郊饮马图》和《人骑图》在北京，《红衣罗汉图》在东北。

他在书画上的成就如此之大，以至于人们忽略了他的文学才能，"元诗四大家"之一的杨载认为，赵孟頫的才能被他的书画名气所掩盖，知道他书画的人，不知道他的文章写得好，知道他文章写得好的人，却不知道他有

经济才能。除了上面所提到的《趵突泉》外，我们再看看他写的《仙吕·后庭花》，就可以知道他的文笔并不亚于他的画笔："清溪一叶舟，芙蓉两岸秋。采菱谁家女，歌声起暮鸥。乱云愁，满头风雨，戴荷叶归去休。"他著有《尚书注》、《松雪斋文集》等。

赵孟頫一生获得赞誉无数，名满天下，但作为宋朝皇室后裔，却在南宋灭亡以后出仕元朝，受到了很多赵宋遗民的非议，他自己也承受了很大的心理压力，在他的很多诗文中，都流露出矛盾和愧疚的心情。他在入朝做官以后，曾经到杭州西子湖畔凭吊岳飞墓，在那里他感慨万千，心头涌上无尽的悲愤，强烈的感情在胸中激荡，他不由得提笔写下了《岳鄂王墓》。

> 鄂王坟上草离离，秋日荒凉石兽危。
> 南渡君臣轻社稷，中原父老望旌旗。
> 英雄已死嗟何及，天下中分遂不支。
> 莫向西湖歌此曲，水光山色不胜悲。

这首诗字字含泪，蕴藏着作者无尽的亡国之恨。

在元仁宗提拔他为从一品大员的那一年，他心情复杂，又写了一首《自警》。

> 齿豁头白六十三，一生事事总堪惭。
> 唯余笔砚情犹在，留与人间作笑谈。

有人用政治因素来衡量一个书画艺术家，"薄其人遂薄其书"，贬低赵孟頫的书画艺术成就，这是不公正的。一个人的艺术成就，不能被非艺术因素干扰。鉴于赵孟頫对人类文化的贡献，1987年，国际天文学会以赵孟頫的名字命名了水星环形山。

高明与《琵琶记》

至元十六年（1279年），南宋彻底灭亡，元朝统一中国，改朝换代引起了巨大的社会动荡，很多具有忠君爱国思想的文人面对取代了南宋的元朝，始终抱着抵触的情绪，无法说服自己接受一个新政权的统治，长期处于压抑和痛苦之中，这种情绪也蔓延到元初出生的旧朝遗民后代身上。

元大德九年（1305年）的一天，在今瑞安市的柏树村，电闪雷鸣，大雨倾盆，一栋古老的建筑里，响起了一声响亮的啼哭，一个孩子出生了。房间内十分黑暗，孩子不停地哭闹着，这让围在身边的父母和亲戚很担心，难道这孩子有疾病？有人点起了蜡烛，房间里变得明亮起来，这个孩子突然停止了哭泣，安静下来。众人都十分高兴，孩子的父亲高功甫立即为儿子起了一个名字："吾儿喜明，就叫高明吧。"

柏树村有高氏和陈氏两大家族，他们互相之间渊源深厚，不仅比邻而居，还互相通婚，两家数代联姻，关系十分密切。高明的祖父高天锡、伯父高彦都是诗人，他的祖母和妻子都是陈家人。陈氏家族也有很多诗人，并且有通晓音律者。高明从小就很聪明，到陈氏家族的私塾里读书学习，《瑞安县志》记载："居崇儒里，性聪敏，自少以博学称。"他对经史子集颇有研究，很快就以诗文出名，很多公卿贵族都想跟他结交。

高明在年轻的时候受儒家思想影响很深，想以自己的才学为国家效力，但他要实现自己的抱负，唯一的道路就是参加科举，获得功名以后入仕。他曾经写道："几回欲挽银河水，好与苍生洗汗颜。"雄心壮志呼之欲出。但是他所处的时代让他失望了。

元代的统治者是蒙古人，为了巩固他们的地位，他们一向奉行种族歧视政策。他们把全国人分为四等：蒙古人、色目人（中国西部民族）、汉人（原金统治区的汉人和契丹人、女真人）、南人（原南宋统治区的人民），并且根据职业不同把人分为十等：一官、二吏、三僧、四道、五医、六工、七匠、八倡、九儒、十丐。在这些人中，知识分子的地位仅仅在乞丐之上。为了阻止知识分子参与政治，元朝统治者停止了科举选拔人才的做法。到元仁宗执政的第二年（1315年）才恢复。到元顺帝至元元年（1335年），科举制度又停止了。如此反反复复，严重影响了元代知识分子的参政热情。

高明手迹

高明是这些逐渐失望的知识分子中的一个，他空有满腹才学，然而却发现没有施展才能的机会。至正四年（1344年），他参加了科举考试，第二年，四十岁的高明中了进士，从此进入仕途。他开始的时候任处州录事，后来又到杭州任丞相掾（yuàn，原为佐助的意思，后为副官佐或官署属员的通称），这段日子是他在仕途上比较顺利的时期。他为人耿直，为官清正，办事干练，很受上司和同事的肯定。他在杭州凭吊了岳飞墓，写下《和赵承旨题岳王墓韵》。

莫向中州叹黍离，英雄生死系安危。

内廷不下班师诏，绝漠全收大将旗。

父子一门甘伏节，山河万里竟分支。

孤臣尚有埋身地，二帝游魂更可悲。

赵承旨即赵孟𫖯，他此前也曾凭吊岳飞墓，写下一首怀古七律《岳鄂王墓》。高明这首诗为应和之作。他没有像其他咏岳飞的作品一样，仅仅感叹南宋的灭亡，表达自己的亡国之恨，而是将矛头对准了南宋的最高统治者，指责他们下了班师诏，才导致岳飞没有乘胜追击，收复失地。

· 148 ·

高明性格刚毅，不畏权势，碰到不合理的事情，总是替百姓说话，这直接导致了他和一些权贵的冲突，影响了他的仕途发展。他自己也逐渐看清了社会和官场的黑暗，萌生了退意，"往事疑皆梦，浮名笑此身"。至正十六年（1356年），高明辞官归隐。十二年后，即洪武元年（1368年），朱元璋在南京登上帝位，建立明朝。他和军师刘伯温下棋的时候，谈到治理天下的问题，刘伯温向皇帝推荐高明，他说，如果能请高明来朝中为明朝效劳，对完成朱元璋的大业必有好处。朱元璋听从军师的建议，派人召高明入朝。高明听到这个消息，故意在众人面前装疯卖傻，放着好好的菜不吃，专门啃菜根。他用这个方法成功地拒绝了朱元璋的邀请，也为自己赢得了一个外号：菜根道人。

高明晚年隐居在宁波城东边的栎社镇，"以词曲自娱"，潜心创作剧本。在这里，他写出了千古流传的悲剧《琵琶记》。这部剧的前身是宋代戏文《赵贞女蔡二郎》，其情节大致是：蔡二郎考中状元，他贪恋荣华富贵，抛弃父母和妻子，到相府做了女婿。他的妻子赵贞女在饥荒之年，赡养公

万历容与堂刻本《琵琶记》书影

婆，苦苦支撑。公婆死后，她身背琵琶，到京城寻找丈夫。但是蔡二郎不仅不肯相认，还放马踩踏她，最后天神震怒，将蔡二郎用雷劈死。高明在写《琵琶记》的时候，保留了《赵贞女蔡二郎》的基本故事框架，赵贞女的形象也仍然是孝顺贞烈的好媳妇形象，但蔡二郎的形象被全面改造，高明让他的一切行为都归因于环境因素，是主人公的无奈之举。蔡二郎本来并不热衷于参加科举考试博取功名，辞试不从，辞官不从，辞婚不从，但是迫于无奈，他最后都从了，从而导致了一连串的不幸。经过高明重新创作以后的故事就变成了我们现在所看到的《琵琶记》。

蔡邕，字伯喈（jiē），他和妻子赵五娘新婚才两个月，就不得不奉父母之命进京赶考，中了状元，被牛丞相看上，要招他为婿。蔡邕苦辞不过，只好入赘相府。后来，家乡遭遇饥荒，赵五娘尽心尽力地侍奉公婆，让他们吃米，自己却偷偷吃糠。公婆死后，无钱买棺材，赵五娘卖掉头发，以罗裙包土，埋葬了公婆，带着公婆的画像和琵琶到京城寻夫，见到牛丞相之女，获得理解和同情，最后一夫二妻团圆。

《琵琶记》的人物个性鲜明，她不但孝顺公婆，而且任劳任怨，她的身上体现了中华民族的优义的人物形象。他是个孝子，时赵五娘是剧中最光彩照人的角色，怨，坚强善良，富有牺牲精神，秀品德。蔡邕也是一个有情有刻担心父母的衣食冷暖，即使在京城锦衣玉食的生活中，也没有忘记远在乡下的父母，想办法给父母寄钱寄信。虽然娶了丞相之女，但他还惦记着自己的结发妻子，一往情深。正是因为他有良心，有善心，所以在故事的结尾，赵五娘才能和他重新团聚。剧中的其他次要角色也有自己的独特魅力。蔡家的邻居张广才善良热情，助人为乐。在饥荒年景，他将得到的救济粮分给赵五娘一半；蔡公蔡婆死了以后，他又赠送棺材，帮助赵五娘安葬公婆；赵五娘上京寻夫后，他代为照看其公婆坟墓。他同情别人的苦难，雪中送炭，施恩不图报，是一个闪耀着光辉的小人物角色。

《琵琶记》的戏剧结构和语言风格也独具特色。高明在这部剧中使用了双线结构，一条线是赵五娘在家中侍奉公婆，另一条线是蔡邕进京赶考入赘相府。两条线交错发展，对比鲜明，一边是艰难度日，一边是功成名就；一边是生死挣扎，一边是锦衣玉食；一边是苦苦思念，一边是迎娶新人，产生了强烈的悲剧效果,使观众忍不住为主人公的命运产生深深的同情和共鸣。作品使用的语言恰如其分,十分符合主人公的身份和地位。蔡伯喈是读书人,牛丞相和牛小姐也是有知识和地位的人,他们的语言文采斐然,词句华丽,十分高雅。而赵五娘及其身边的蔡公、蔡婆、张广才等人,都是乡下人,没有什么文化,很少咬文嚼字,使用的都是乡间俚语,通俗易懂,朴实亲切。高明熟练地运用两种不同风格的语言,恰当地表现了这两类人的不同生活环境。王世贞说:"则诚所以冠绝诸剧者,不唯其琢句之工,使事之美而已。其体贴人情,委屈必尽,描写物态,仿佛如生,问答之际,了不见扭造,所以佳耳。"大意是说,这部剧之所以超越诸多戏剧,不仅仅是因为它文辞考究,也是因为对人物性格描绘准确,使人物显得栩栩如生。

  这部剧很长,有四十二出,一般要演两天两夜。它是历代戏剧中版本最多、流传最广、影响最大的古典戏剧作品,是戏剧从形式到内容都走向成熟的标志,无论是结构还是文辞,在古典戏剧中都堪称典范,因此,被后人誉为"南曲之祖"是当之无愧的。

  根据《南词叙录》的记载,高明还有《闵子骞单衣记》戏文一部,但是已经失传。另有诗文集《柔克斋集》二十卷,也已佚。

梅花道人吴镇

古代很多画家喜欢画梅花，和梅花凌雪傲然开放的姿态一样，这些画家大多性格孤傲，淡泊名利，过着隐居的生活，与清风明月为伴，专注于自己的艺术追求，表现出高洁的情操。元代的梅花道人吴镇就是一个典型的例子。

吴镇（1280年—1354年），字仲圭，浙江嘉兴魏塘人。根据《义门吴氏谱》的记载，吴镇是周王室吴王的后代，他的祖父叫吴泽，是宋代的抗金名将。也许是受了祖父的影响，吴镇少年时代爱好击剑，并且喜欢结交侠士，表现出和一般人不同的志趣。他和哥哥吴元璋一起拜毗陵（今江苏省武进县）的柳天骥为老师，向他学习《易经》，研究天命人相。他十八九岁的时候开始学习画画，并且游历了杭州、吴兴等地，优美的自然风光和各地的风土人情开阔了他的眼界，陶冶了他的情操，给了他无穷的创作灵感。

元代有个民间画家叫盛懋（mào），字子昭，他画技高超，善于画人物、山水和花鸟，名气很大，"四方以金帛求子昭画者甚众"。盛懋和吴镇为同时代人，并且比邻而居。眼看着盛懋家来求画的人川流不息，而自己家门口却寂然无人，吴镇的妻子不免开始嘲笑自己的丈夫，吴镇却不慌不忙地说，二十年之后就不是这个样子了。

这话果然没有说错。吴镇经过数年的刻苦用功，千锤百炼，成就最终超过了盛懋。他的书法、诗文和绘画都达到了很高的水平，常常自己题诗于画作上，诗、书、画珠联璧合，相映成趣，被称为"三绝"。他的画风对明清山水画的发展有很大的影响，和同时代的王蒙、黄公望、倪瓒（zàn）并称为"元四家"。

吴镇的绘画题材主要是渔父、古木、梅竹、山石之类，尤其善于画梅花。他十分推崇著名的五代南唐画家董源和巨然，说："董源画《寒林重汀图》，笔法苍劲，世所罕见，因观其真迹，摹其万一。"他认为董源画的《寒林重汀图》笔法苍劲，世上少有，因此借着观摹真迹的机会，以求学到万分之一。他积极向这两位大家学习，但是又不为他们所限，用丰富的墨法和雄伟的笔法，形成苍茫沉郁的独特风格。他的竹画学元代画家李衎（kàn），画得十分精妙，到了晚年，他又从北宋画竹名家文同那里吸取营养，专门画墨竹，成为文同之后的又一画竹大家。他十分喜爱梅花，在自己家周围种满梅树，并且自号梅花道人、梅花和尚、梅沙弥，他的作品中也屡屡出现梅花的形象，并且达到了很高的艺术水平。吴镇的绘画不仅得到了时人的推崇，连同为"元四家"的其他三位都高度赞扬过他。

吴镇的山水画取得了极高的成就，为元人之冠。他画的山水有一种清冷幽旷的感觉，这与他善于使用多种笔法和墨法分不开。为了更好地发挥墨的效果，他精心选择作画用的材料。画梅花和竹子用纸，画山水则用绢，各种要素的完美契合，成就了吴镇的传世之作。吴镇的高超墨法，让元代以后的历代绘画大家如沈周、文征明、八大山人等都心悦诚服，推崇不已。

吴镇性格孤傲，蔑视名利，他没有走一般人选择的科举之路，而是在艺术的道路上孜孜不倦地探索着。虽然他和王蒙、黄公望、倪瓒并称元四家，但他的做派和这三人显得格格不入。王蒙青年时期有志于仕途，凭借和在朝中做官的著名画家赵孟頫等人的特殊关系，结交了很多有地位的文人。黄公望早年也热衷功名之事，失意后才专注于绘画。倪瓒是吴地的三个首富之一，凭借自己的丰厚财力，也结交了不少文人士大夫。吴镇则终生远离官场，从来不和有权势的人来往。他的画很多都是自己画画，自己题诗题字，上面很少有其他文人的墨笔。"元四家"中其他三家都有来往，但是吴镇除了和王蒙之间有诗可以证明是好友关系外，和另外两位没有交往的记录。

吴镇曾经写了一首《沁园春》，明确地表达了自己的人生观：古今多少风流，想蝇利蜗名几到头，看昨日他非，今朝我是，三回拜相，两度封侯，采菊篱边，种瓜圃内，都只到邙山一土丘。

他的孤傲性格从他的作品中也可窥见一斑。渔父形象首先在屈原的作品中出现，后来在《庄子》中得到强化，逐渐成了清高避世、归隐江湖的隐士化身，并且成为文人雅士钟爱的形象，在诗歌和绘画中渐渐流行。到了元代，渔父形象大量出现，成为一种风气。这和当时的时代背景密不可分。元代是中国历史上第一个少数民族入主中原并形成政权统治全国的朝代，蒙古人成为统治阶级以后，压制汉族人，制定了很多歧视政策，很多文人愤然采取了不与统治者合作的态度。渔父的形象成了这种态度的最好代言人，开始在文人字画中普遍流行。吴镇对渔父尤其情有独钟，在他的山水画中，以渔父为题材的作品数量很多。渔父虽然是画中的主人公，但是吴镇却并没有进行细致描绘，而是把大量笔墨放在周围环境的描绘上，然后给形象模糊的渔父一个突出的位置，形成视觉重点，给人以深刻印象。他所刻画的渔父形象并不是悲观消沉的，而是充满了逍遥乐观的意味。他在《洞庭渔隐图》中题词道：兰棹稳，草衣轻，只钓鲈鱼不钓名。

　　吴镇的性格如此孤傲，所以很难见容于世人，所以他的生活并不宽裕，

元代吴镇所绘的《梅花图》

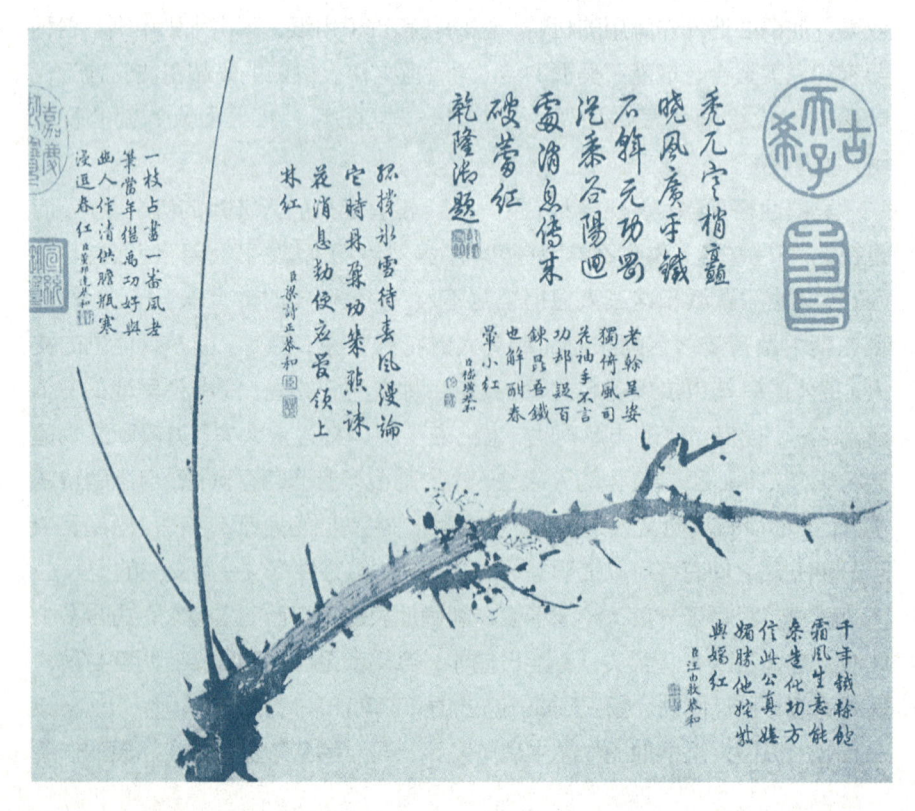

但是他很珍视自己的艺术作品，生活再困难，他也很少卖画，实在不行，就到嘉兴、武林等地区做卜卦先生，为他人算命，来维持生计。晚年，吴镇开始向佛教靠拢，经常去寺庙中与僧人一起谈经论佛、吟诗作画。元顺帝至正十四年（1354年），七十五岁的吴镇离开了人世。临死前，他为自己写了墓碑：梅花和尚之塔。明末的时候，当地的士绅集资修理墓道，增加祠堂和亭子。墓东侧有梅花庵，明万历年间为守墓而建，明代大画家董其昌亲笔书写了"梅花庵"的匾额。墓前还有一个梅花亭，里面有明代文学家、书画家陈继儒撰写的《梅花庵记》的碑刻。

吴镇留存于世的绘画作品有《双桧平远图》、《渔父图》轴、《渔父图》卷、《长松图》等，其中《渔父图》卷藏于美国佛利尔美术馆。书法作品有草书《心经》等。另外还有《梅道人遗墨》两卷，里面是后人收录的诗和题跋。

元代吴镇所绘的《渔父图》

"脱尽元人风气"的书法家宋克

元代书坛继承了晋唐的传统，虽然一度出现了兴盛的局面，赵孟頫、鲜于枢等书法名家主张书画同法，取得了很高的成就，但是纵观元代书法整体情况，崇尚复古，缺少自己的独特风格。

到了明代，书法界仍然深受前代的影响，脱不出赵孟頫等人的藩篱，书坛一片沉闷气象。这时，有一个人站了出来，"体法一变，脱尽元人风气"，为书法界带来了清新的气象，这个人就是明代著名书法家宋克。

宋克，字仲温，又字克温，自号南宫生，元泰定四年（1327年）出生于长洲（今江苏省苏州市）。当时元代已经走向了下坡路，朝政腐败，局势不稳。由于元代的蒙古统治者对汉人进行了变本加厉的残酷压迫和掠夺，在宋克出生前两年，河南就发生了赵丑厮和郭菩萨领导的起义。

宋克出生在一个富裕的家庭里，少年英俊，身材魁梧，性格豪爽，喜欢饮酒，有侠义之风，常以李白、苏轼自比，不光家里养了很多宾客，而且经常施舍钱财。他成年以后，元朝的局势更加混乱。至正十年（1350年），元政府大量发行新币，导致物价飞速上涨，民众手中的钱大大贬值，生活更加困难。第二年，元惠宗派贾鲁治理黄河，动用了十五万民夫，两万士兵，官吏趁机克扣工钱，激起民愤。白莲教打出"复宋"的旗号，以红巾为标志，开始了推翻元朝统治的大规模起义。宋克在这股起义浪潮中，也想建功立业，他召集人马，准备北上中原举旗起事。但是没想到中途受阻，具体是什么人和事阻止了他，历史上没有很明确的说法。总之，他放弃了起事的打算，沿长江往上游走，游览了金陵（今江苏省南京市）、会稽（今浙江省绍兴市）等地的名山大川，然后就回家刻苦攻读去了。

明代宋克所书的《急就章》（局部）

高邮起义军的首领张士诚占领了江浙地区，控制了中国东部最富庶的地区，建立了革命政权，沉重打击了元朝统治者。他慕名要招宋克为幕宾，但是宋克婉言谢绝了。宋克在家里专门辟出一间房，里面放了历代的法书碑帖，每天都在房间里用功练习。《明史·文苑传》记载说："克杜门染翰，日费十纸，遂以善书名天下。"意思是说，宋克闭门不出，在家里学习书法，每天练习都要写十张纸，后来就以书法闻名天下了。

宋克曾经跟着元末明初的著名诗人、书法家饶介学书法，受益颇多。饶介善于写草书，借鉴了怀素、张旭和"二王"（王羲之、王献之父子）的笔法，字写得十分飘逸，挥洒自如。饶介的书法影响很大，不仅明初书坛的"二宋"（宋克、宋广均）都出自他的门下，连吴门书派的领军人物文征明也深受他的影响。名师指点有方，加上宋克学习刻苦，因此，他的楷书、行书和草书都取得了很高的成就。他的楷书学钟繇，行书学"二王"，章草则学被称为"书圣"的三国时吴国的书法家皇象的《急就章》。宋克的章草写得出神入化，为当时第一。他的草书写得挥洒流畅，纵横自如，和他"任侠使气"的性格十分契合。明代书法家吴宽曾经这样评价宋克的书法："一克书出魏晋，深得钟王之法，故笔精墨妙，而风度翩翩（hé）可爱。"

《急就章》原来叫《急就篇》，是汉代的启蒙读物，这本书所用的书体，是从隶书中变化出来的一种新兴草书，人们把这种草书叫做"章草"。

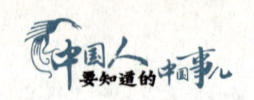

明代宋克所书的章草《书孙过庭书谱》（局部）

章草后来经过历代的演化变革，流传到今天，就成了"今草"。宋克的章草，既继承了赵孟頫的风格，又融入了行书的写法，更加流畅矫健，呈现出新的风格。宋克在书法上最大的贡献，就是他对于章草书法的继承与发展，他是汉唐以后第一位精于章草的书法家。

宋克不仅书法精妙，而且在诗歌、绘画上都有所建树。他不仅是明代初期闻名书坛的"三宋二沈"（宋克、宋璲、宋广、沈度、沈粲兄弟）之一，而且还和吴门文士高启、张羽等人并称为"十才子"。他还善于画竹子，气象森然，无尘俗之气。他曾经尝试用朱笔画竹子，被认为是朱竹的创始人。

虽然在书法上登上了高峰，但宋克一生在仕途上并不得意，到了晚年的时候，才得到一个陕西凤翔府同知的小官职，不久他就辞官回乡了，和当时的名人杨维桢、倪瓒等人来往密切，用诗文书画互相酬答。他卒于明洪武二十年（1387年），终年六十一岁。

宋克的传世墨宝有章草《急就章》、《李白行路难》、《七姬志》、《杜子美诗》、《定武兰亭跋》、《书孙过庭书谱》等，篇篇都是难得的书法精品。他所写的《急就章》不止一本，现存的就有故宫藏本和天津艺术博物馆藏本。从故宫博物院的藏本中可以看出，他的章草书法笔势矫健，章法严密，首尾呼应，给人以意境优美的艺术感受，是形神兼备的得意之作。

"浙派"创始人戴进

"浙派"最早形成于明代,是中国画坛的重要绘画流派,由于它的创始人戴进是浙江人,因此称浙派。浙派画家的作品粗简洒脱,酣畅淋漓,有较强的节奏感。浙派和院体派(明代宫廷绘画)呈双峰并立之势,在当时代表了中国绘画的主流。

戴进,字文进,号静庵,又号玉泉山人,浙江钱塘(今杭州市)人,生于明太祖洪武二十一年(1388年),卒于明英宗天顺六年(1462年)。

历史上对于戴进的生平事迹记载并不详细,根据清代张潮的《虞初新志》和厉鄂的《东市杂记》提供的资料,戴进少年时当过铸造金银器物的工匠,他技艺精湛,制作出的人物、花鸟工艺品精巧绝伦,在当地很有名气。戴进也颇以自己的手艺为傲,他满心以为别人会十分珍视他的作品,好好收藏起来,不料,有一天他在集市上看到一个人拿着他精心制作的首饰熔掉重新打造,顿时怅然若失。他回来后对身边人说:"我费尽心力来制作这些精美的首饰,没想到别人却根本不爱惜,我这项技能还有存在的价值吗?"别人对他说:"金银首饰是给妇女小孩戴着玩的,他们怎么能知道制作的不容易,你要是学画画,作品就可以传世了。"戴进大喜,觉得很有道理,从此开始学画。

戴进学画有一个得天独厚的条件,他的父亲戴景祥是职业画家,颇有造诣。戴进凭着家学渊源以及自己的努力,很快就声名鹊起。明代周晖的《金陵琐事》记述了一件有关戴进的轶事。永乐初年,戴进去当时的首都南京,将要进入水西门的时候,他左右顾盼,不料脚夫趁他不备,将他的行李挑走,在人群中不见了踪影。戴进虽然只和脚夫有短暂交往,但是大概记得此人的面目,就向酒家借来纸笔,画下这个人的肖像。很多脚夫过来围观,认出此人，带戴进去这个脚夫的家里，找回了行李。这时，戴进才十七八岁，已经表现出很好的记忆能力和绘画能力。

永乐十九年（1421年），明成祖迁都北京，以南京为留都。迁都后，戴进随着父亲进了北京。宣德年间，戴进被推荐入宫，被授予待诏的头衔，成为一名宫廷画师。当时的宫廷画师谢环、倪端等人虽然也素有画名，但是画技都不如戴进，对他很是嫉妒，处处排挤他。有一天，画院中的画家在仁智殿里呈画。第一幅画就是戴进的《秋江独钓图》，画面上有一个身着红袍的隐居者在水边垂钓。懂画的人都知道，画家最难处理好的颜色就是大红色，但是戴进却很好地掌握了古人设色的妙法，将隐居者的红袍处理得典雅庄重。宣宗也是个画家，鉴赏能力很强，他对戴进的画功十分赞赏。在一旁随侍的谢环却冷冷地说："画虽然好，但是格调却俗不可耐。"明宣宗疑惑，问何故。谢环回答说："红色是官服的颜色，穿着红色衣服在水边钓鱼，还以隐居者自命，有失体统。"明宣宗觉得言之有理，于是龙颜不悦，戴进被斥退，从此门前冷落，连生活居然都成问题，常常向别的画师借米度日。在戴进落魄的时候，谢环的声誉却蒸蒸日上，但是他心里很明白，戴进的画技远在自己

明代戴进所绘的《关山行旅图》

明代戴进所绘的《踏雪寻梅图》。这幅画现在流落于美国民间

之上。某天，阁臣请谢环作画，他知道自己画不好，把戴进请来代笔，戴进不计前嫌，帮他完成了这幅画。不料，此事被阁臣知道了，怒斥谢环："原来命你来画，你为什么将此事转托给其他人？"戴进被连累，在宫里彻底待不下去了，只好离开京城。临行前，礼部侍郎王直写了一首诗《送戴文进归钱塘》赠给他。

    知君长忆西湖路，今日南还兴若何？
    十里云山双蜡屐，半篙烟水一渔蓑。
    岳王坟上佳树绿，林逋宅前芳草多。
    我欲相随寻旧迹，满头白发愧蹉跎。

  戴进回到了杭州，以绘制佛像和卖画为生。天顺六年（1462年），戴进去世，终年七十四岁。

  戴进的绘画技艺很全面，山水、人物、花卉都很擅长。他的山水画取法刘松年、马远、夏圭等名家，融合了宋元的水墨画法，形成了自己的独特风格，画风雄健，酣畅淋漓，善于用浓淡水墨的巧妙变化，来表现景物的远近关系。他的大幅山水画尤其绝妙，境界开阔，使人有"凌虚御风，历览八极之兴"。他的人物画继承了吴道子、李龙眠的绘画传统，主要题材有神仙道释、历史故事、名人隐士、樵夫渔父等，笔法顿挫有力，技法纯熟，生动地表现了鬼怪的勇猛、神像的威严、渔父的悠闲等种种情态。他的花鸟画十分精致，有工笔设色和水墨写意两种形式，早年喜欢用工整的笔法，中年以后笔法趋于豪放。葡萄是他很喜欢的绘画题材，配上勾勒竹和蟹爪草，别具一格。

  戴进的画风在宫廷内外特别是江浙地区影响极大，追随者很多，除了他的儿子戴泉、女婿王世祥以外，还有夏芷、夏葵以及后来的吴伟、张路、蒋嵩、汪肇等人。他们形成了一个独具特色的流派——浙派，成为明代画坛的主流，戴进作为浙派的创始人也深受赞誉。到了明代中期，由于浙派画家为追求狂放不羁的感觉，流于草率，逐渐失去了影响力，以吴郡（今苏州市）人沈周、文征明、唐寅、仇英等文人为代表的"吴门画派"崛起，取代了浙派的地位。

  戴进的传世作品较多，有《关山行旅图》、《洞天问道图》、《踏雪寻梅图》、《归田祝寿图》、《钟馗夜游图》、《春山积翠图》、《风雨归舟图》、《三顾茅庐图》、《达摩至慧能六代像》等。

吴门四大家

元朝以后,江南苏州一带,文人荟萃,根据历史记载,大约有一百五十多人居住在苏州,占明代画家总数的五分之一。他们形成了一个声势浩大的画派,因为苏州古称"吴门",因此这个画派就叫"吴门画派"。这个画派的领袖沈周和文征明、唐寅、仇英四人在其中成就最高,但风格又各不相同。沈周和文征明擅长画山水,继承了北宋山水画的传统;唐寅的山水和人物都画得很好,取法南宋院体;仇英则以工笔人物、青绿山水见长。

在四人中,沈周是领军人物,他字启南,号石田、白石翁、玉田生等,长洲(今江苏省苏州市)人,生于明宣德二年(1427年),卒于明正德四年(1509年),享年八十二岁。

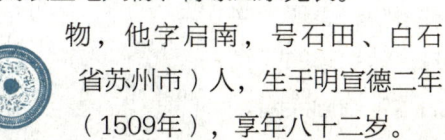

沈周世代隐居在吴地,他的祖父沈澄、伯父沈贞、父亲沈恒都是能诗善画的著名人物,祖父沈澄是元代著名画家王蒙的好友,父亲沈恒是明代著名学者、画家杜琼的学生,家学渊源深厚。和他的父亲一样,沈周蔑视名利,一生都没有参加过科举考试,并且拒绝了郡守的推荐,把毕生精力都献给了绘画事业。他在家里读书吟诗,写字作画,过着自由的隐士生活。

和其他画家不同的是,沈周虽然学识渊博,画技高超,交游广阔,声望很高,但他平易近人,从来不嫌贫爱富,巴结权贵。由于他声名远播,人人都以得到他的画为荣,求画者"屦(jù,古代用麻葛制成的一种鞋)满户外",贩夫走卒都来索画,他从来都不拒绝,总是尽量满足他们的要求。就连有人仿作他的画,求他题款,他也欣然答应。他的学生文征明因此说:"我的老师心地善良,真是飘然世外的神仙中人。"他后来实在无法应付源源不断来求画的人,只好躲到一个寺庙里,但是还是被人打听到他的住处,追到庙里。沈周的朋友写了一首诗说:"送纸敲门索画频,僧楼无处避红尘。东归要了南游债,须化金仙百亿身。"

沈周十分孝顺,因为"父母在,不远游"的古训,他始终没有远离过家乡。他的母亲去世的时候是九十九岁,此时,沈周也已经八十岁高龄了。两年后,沈周也离开了人世。

沈周的绘画吸取了前代名家董源、巨然以及黄公望、王蒙等人的技法,融会贯通,并且加入自己的创造,形成粗笔水墨的独特风格,以山水画和花鸟画成就最高,被评论家认为是明朝第一。他的山水画有高山大川,但更多的是南方山水,如虎丘、雁荡山、钱塘江、灵隐寺等,还有园林景物,表现出文人生活的悠闲情趣。他早年的时候画小幅,四十岁以后才开始画大幅。中年时候的画风沉着严谨,晚年时候的笔墨豪放雄强,表现出深厚的功力。

明代沈周所绘的《庐山高图》

沈周的代表作有《仿董巨山水图》、《烟江叠嶂图》、《庐山高图》《沧州趣图》、《东庄图》、《牡丹》等。其中,《烟江叠嶂图》创作于明正德二年(1507年),是他八十岁时的杰作。这幅画的技法已臻化境,笔墨的运用随心所欲,是不可多得的作品,现在藏于辽宁博物馆。

沈周的书法和绘画都达到了很高的水平,在元明两代的文人画领域有承前启后的作用。他开创了著名的文人画派"吴派",以吴门(苏州)为中心,逐渐取代了宫廷绘画和浙派的地位,对明清山水画影响很大。

文征明是沈周的学生,原名壁,字征明,又号衡山居士,世称"文衡山"。他比他的老师更长寿,生于明宪宗成化六年(1470年),卒于明世宗嘉靖三十八年(1559年),享年八十九岁,在"人生七十古来稀"的古代,算是相当罕见了。

文征明是一个全才，他的诗歌、文章、书法、绘画都取得了很高的成就，被称为"四绝"。在诗文上，和祝枝山、唐伯虎、徐祯卿并称为"吴中四才子"。在绘画上和沈周、唐寅、仇英合称为"吴门四家"，青绿、水墨、工笔、写意，无一不精；山水、人物、花卉，无一不工。他在书法史上以兼善诸体而闻名，他的小楷被称为"明朝第一"。沈周去世后，他成为"吴派"的掌门人。

文征明出身于官宦世家，从小就学习经文诗词，早年参加过十次科举考试，但是却屡屡失意。一直到他五十四岁时，才在工部尚书李充嗣的推荐下，以贡生的身份入京，经过吏部考核以后，得到待遇低微的翰林待诏之职。当时，他的书画已经颇负盛名，因此受到同僚的嫉妒和排挤。他在京城做了四年的官，目睹很多官场腐败乱象，十分厌恶，最后辞职回苏州，不再踏入仕途，专心于诗文绘画。晚年的时候，他的声望达到了顶峰，号称"文笔遍天下"。他一生勤练不辍，八十多岁时还在流利地书写蝇头小楷，在年近九十岁时，还在为他人写墓志铭，还未写完，"便置笔端坐而逝"，平静地结束了他的一生。

斯人已逝，但是他的作品数量很多，题材多样，一部分却成为不朽的纪念。他的山水画表现了现实生活，一部分为临摹

明代文征明所绘的《东园图》

古人的作品。流传下来的作品有《千岩竞秀》、《万壑争流》、《湘君夫人图》、《惠山茶会图》、《东园图》、《江南春图》、《山居雪霁图》等。书法作品则有《醉翁亭记》、《滕王阁序》、《赤壁赋》、《离骚》等。

"吴门四家"中的唐寅也是个传奇人物，脍炙人口的《唐伯虎点秋香》的男主角就是这个大才子，虽然后来经过专家考证，这些传说都是后人衍化虚构，但是唐伯虎"风流才子"的形象已经深入人心。唐寅，字伯虎，号六如居士、桃花庵主、鲁国唐生等，据说他是明宪宗成化六年（1470年）寅年寅月寅日寅时生，所以起名叫唐寅。

唐寅虽然才高八斗，才气横溢，但他的一生充满坎坷。他在江苏吴县一个商人家庭中出生，从小就十分聪明，又十分刻苦，当地才子祝枝山形容他"幼读书，不识门外街陌"。十六岁参加秀才考试，得了第一名，整个苏州城都被轰动了。父亲唐广德因为家道中落，在姑苏开了一个酒店。文征明的父亲文林去酒店喝酒，见唐寅才学过人，就让唐寅和自己的儿子文征明一起拜吴门画派的创始人沈周为师。唐寅不负众望，很快在画坛崭露头角。

弘治十一年（1498年），唐寅二十九岁，他参加了应天府公试，夺得第一名"解元"，人称"唐解元"。三十岁那年，他雄心勃勃地赴京参加会试，一心要博个功名。不料，命运却跟他开了一个大玩笑。当年的考题出得十分冷僻，很多考生都答不上来，但是有两张试卷却回答得十分圆满，而且文辞优美，其中一张考卷就是唐寅的。此事使人怀疑考题泄露，皇上听到禀告后，严厉处理了此事，唐寅被牵连入狱。出狱后，被发配到浙江做一名小吏，唐寅感到羞耻，坚决不去就任。这场考场舞弊风波彻底改变了他的命运，从此以后，唐寅回到家乡，下定决心远离仕途，以书画终其一生。

弘治十三年（1500年），唐寅离开家乡苏州，开始游历名山大川。他先去了镇江，然后又到扬州，游览了瘦西湖和平山堂等名胜，之后又经芜湖、九江，到达庐山，接着又溯江而上，到黄州凭吊了赤壁之战的遗址，后来的《赤壁图》就是根据这次游历的记忆而画的。他最后到达了安徽，饱览了黄山美景。由于盘缠用尽，他只好返回了苏州。这次历时九个多月的游历，开阔了他的眼界，为他的绘画提供了丰富的素材。令人感慨的是，他回到苏州后，妻子不堪忍受清贫的生活，跟他大吵大闹，最后离他而去。他孤身一人，住在临街的一座小楼中，靠卖画为生，并且自嘲地写了一首诗：不炼金丹不坐禅，不为商贾不耕田。闲来写就青山卖，不使人间造孽钱。

三十六岁那年，唐寅在城北的桃花坞建了一个别墅，取名"桃花庵"，自称"桃花庵主"，过起了饮酒赋诗、挥毫作画的超脱生活。

正德九年（1514年），朱元璋的五世孙宁王朱宸濠重金聘请唐寅到南昌为自己效力，唐寅去了半年多，逐渐察觉了宁王的谋反野心，于是装疯卖傻，好不容易脱身回到故乡。后来宁王果然起兵反叛，四十三天之后就被朝廷镇压。唐寅虽然侥幸逃脱了杀身之祸，但是也惹来了不少麻烦，他屡遭打击，意志消沉，于是开始研究佛法，以求得心理安慰，并且给自己起名"六如居士"。唐寅晚年生活潦倒，五十四岁就病逝了，临终前他写了一首诗，流露出悲伤愤懑的心情："生在阳间有散场，死归地府又何妨。阳间地府俱相似，只当漂流在异乡。"

唐寅才气纵横，诗、书、画三绝，成就最高的当推绘画。他早年跟随沈周和周臣学画，后来又向李唐和刘松年学习，兼收并蓄，在南宋的风格中融入元代的笔法，画技突飞猛进，青出于蓝而胜于蓝，超越了他的老师。他既有笔墨粗放的水墨画，又有工细着色的"院体"，尤其擅长画山水画和仕女图。他的山水画布局严谨，造型生动，墨色淋漓，树林、屋舍、流水等景物错落有致，具有刚柔相济之美。代表作有《落霞孤鹜图》、《关山行旅

明代唐寅所绘的《王蜀宫妓图》

图》、《幽人燕坐图》、《骑驴归思图》、《山路松声图》、《清溪松荫图》、《抱琴归去图》等。他画的仕女画，线条细致，敷色艳丽，风格高雅。例如《王蜀宫妓图》，用传统的工笔重彩的手法，用"三白法"来描绘仕女的脸，衣纹用铁线描，服饰都施以浓艳的色彩，画面绚烂明丽。他的仕女图代表作还有《秋风纨扇图》以及《李端端图》等。

唐寅在中国绘画史上具有重要地位，他融合了北宋时期南北两个画派的风格，为吴门画派的崛起作出了巨大贡献；同时，他把诗书画有机地结合在一起，使作品充满诗情画意；他还拓宽了文人画的题材，促进了山水、仕女、花鸟画的发展，对后世有深远影响。

在吴门四家中，年龄最小的是仇英。仇英，字实父，号十洲，江苏太仓人，后来移居到苏州。他生于明弘治十一年（1498年），也有人认为他出生于明武宗正德四年（1509年）左右，卒于明世宗嘉靖三十年（1552年）。他出生在一个清贫的家庭里，为了谋生，很小的时候就到一家漆店里当了学徒，给别人的楼房画彩绘。周臣发现了他的才华，就开始教他画画，他和唐寅一样，成了周臣的弟子。在周臣的悉心培养下，他刻苦学习，仅仅几年时间，他就画艺大进，蜚声画坛。他的人物、山水画都画得十分出色，甚至超过了他的老师周臣。仇英成名以后，结识了很多人，比如著名鉴赏收藏家项元汴、周六观等。项元汴很欣赏仇英的才华，主动邀请他到家里来临摹古画。仇英在项家见识到大量古代名画，十分兴奋。他细心揣摩，认真临摹，创作了大量精品，被称为临摹古画的高手，"摹宋人画皆能乱真"。他曾摹画过宋人张择端的《清明上河图》。仇本《清明上河图》采用青绿重彩工笔，描绘了明代苏州热闹的市井生活，人物众多，苏州地区的标志性建筑清晰可辨，山清水秀，画面明媚。

仇英的作品题材十分广泛，他擅长画人物、山水、车船、楼阁等，尤其擅长仕女画和界画。他在继承唐宋优秀的绘画传统的基础上，吸收了民间艺术和文人画的长处，形成了自己的特色。他善于用水墨、白描、设色等多种手法来表现不同的对象，或者圆转流美，或者严谨精致。《明画录》中说他画的人物"发翠毫金，丝丹缕素，精丽艳逸，无惭古人"。他的山水画以青绿山水为多，境界宏大，细润明丽，风骨劲峭，具有雅俗共赏的格调。文征明对仇英十分赞赏，称他为"异才"，董其昌也说："十洲为近代高手第一。"

和"吴门四家"的另外三家相比，仇英的一生很短暂，五十岁左右就逝世了，却留下了大量佳作，如《剑阁图》、《子路问津图》、《琵琶行》、《兰亭修禊图》、《春夜宴桃李园图》、《桃源仙境图》、《清明上河图》、《子虚上林图》等。

在"吴门四家"中，沈周和文征明的画风比较接近，他们主要发展了元代的文人画传统，强调幽淡的意境，追求恬静的格调。唐寅和仇英的比较接近，讲究画面的真实感，造型准确，风格雅秀。沈周、文征明和唐寅三家，常常在画上以诗句题跋，但仇英一般只在自己的画上题上名款。

以沈周、文征明、唐寅、仇英为代表的"吴门画派"，把表现文人生活题材的山水画提高到一个新的水平，开拓了山水画的新境界，在中国画坛上占有极为重要的地位，从明代中叶至清代初期，影响绵延不绝。

明代仇英所绘的《桃源仙境图》

"十二平均律"的创始人朱载堉

万历十九年（1591年），明仁宗朱高炽的第五世孙郑恭王朱厚烷逝世，朱载堉为世子，按照传统，王位应该由他来继承，但是他向皇帝上书，甘愿放弃这个爵位。根据《明史·诸王列传》中的记载，面对朱载堉的请求，有司（官吏）认为，"载堉虽深执让节，然嗣郑王已三世，无中更理，宜以载堉子翊锡嗣。"意思是说，朱载堉虽然执意让出王位，但是郑王已经按辈分次序传了三代，没有从中间变更的道理，应该让朱载堉的儿子朱翊锡来继承。但是朱载堉的态度很坚决，他前后七次上书，执意要将爵位让出去。一直到万历三十四年（1606年），他的父亲去世十五年之后，明神宗才答应了他的要求，"以祐橏之孙载玺嗣，而令载堉及翊锡以世子世孙禄终其身，子孙仍封东垣王。"即让朱载堉的内兄朱载玺继承了爵位，让朱载堉和儿子朱翊锡终身享受世子世孙的身份和待遇。让出爵位以后，他迁居到怀庆府，潜心著书，过着研究音乐和数学的学者生活。

朱载堉之所以态度这么坚决，要放弃万人仰慕的王位，这背后是有原因的。

郑王朱厚烷是朱载堉的父亲，他博学多才，能书善文，精通音律，并且生活朴素，为人正直。朱载堉天资聪颖，从小就受到父亲的影响，喜欢音乐、数学。十岁的时候被封为世子，成为郑王的继承人。在他十五岁那年，家里发生了一件大事：他的父亲郑王朱厚烷被囚禁了。原来，明世宗朱厚熜一心追求长生不老，迷信邪说，到处寻找方士、搜罗秘方，严重影响了朝政。朱厚烷上书劝谏皇帝，希望他不要过于崇信道教，不要服用丹药，惹得皇帝大怒。两年后，朱厚烷又被人以叛逆的罪名诬告，失去爵位，并且被囚禁在安徽凤阳，一直关了十九年。朱载堉当时年纪尚小，遭到这个重大打击，心中十分悲愤。受父亲牵连，他被迫搬到宫外，在一间简陋的土屋里居住了十九年，过着清贫的生活，一直到父亲被放出来，才重新回宫。从此，他对官场中的黑暗和丑陋深恶痛绝，决意远离。

朱载堉，字伯勤，号句曲山人，青年时自号狂生、山阳酒狂仙客，又称"端靖世子"。嘉靖十五年（1536年）生于怀庆府河内县（今河南省沁阳市），是明太祖朱元璋的八世孙。他是明代著名的律学家，有"律圣"之称，同时还是著名的历学家、数学家、艺术家和科学家，著有《乐律全书》，这是一本有关音乐的百科全书。

朱载堉从小就对音乐有超出常人的高度敏感。据说，他刚出生时，晚上经常哭闹，家里人怎么哄都不行。一天晚上，他又哭闹起来，郑恭王十分烦躁，就顺手拿过一支箫，对着窗外的明月吹起来。令人意外的是，朱载堉听到这悦耳的箫声，竟然安静下来。这让他的父母喜出望外，以后每当他开始哭闹，就吹箫给他听。他不仅喜欢听吹箫，而且对箫爱不释手，晚上睡觉也抱着。

这孩子命运坎坷，三岁那年，他的母亲高妃因为忧虑成疾去世了。过了十来年，他的父亲又被囚禁了，一直关了十九年。在这十九年里，朱载堉独居土屋，却并未虚度时光，他穿着粗布衣服，饮食简陋，发奋攻读，专心研究乐律和算学，写下了大量学术著作。二十四岁时，他在音乐学上的处女作《瑟谱》问世。这本书对瑟属乐器的源流进行了考证，还融入了历代有关瑟的诗词歌赋以及名人轶事。隆庆元

唐代梁令瓒所绘的《五星二十八宿神形图》（局部）。五星指金木水火土五大行星，天空中可见的恒星被分为二十八组，叫二十八宿

年（1567年）穆宗即位，朱厚烷才被平反昭雪，释放出来，"复王爵，增禄四百石"。朱载堉恢复了世子的名号，搬回宫中，这时他才娶妻成亲。但令人悲伤的是，他的妻子没多久就去世了。

对朱载堉来说，苦难没有让他退缩，反而激发了他的决心。已经过了而立之年的朱载堉从这次变故中更加坚定了自己的治学决心。在他四十五岁的时候，他完成了十二平均律的理论，登上了律学的高峰。十年后，他的父亲去世，朱载堉甘愿放弃爵位，虽然一开始并没有得到皇帝批准，但是他不愿意再浪费时间，就毅然搬到城外的九峰山，开始过著书立说的隐居生活。万历三十四年（1606年），在朱载堉的数次恳请下，明神宗终于答应了他的要求。一直到朱载堉去世，他都在抓紧每一分钟，向科学高峰一步一步地攀登。

朱载堉一生中成就很多，他最大的贡献是创建了"十二平均律"，对世界音乐文化史产生了深远的影响。"律"是指音阶中每个音的音高规律。"十二平均律"也叫"十二等程律"或者"新法密率"，它把一个音阶分为十二个相等的半音，使相邻的两律间的频率比相等。在"十二平均律"发明以前，一直都用"三分损益法"（古代制定音律时所用的生律法）来确定管弦的长度和音高之间的关系。但是，由"三分损益法"计算出来的十二个律，相邻两律间的长度差（或叫频率差）并不都相同，因此这种律又叫十二不平均律。按照这种方法生律十一次后，不能回到原来的起始律上，十二律不能"周而复始，旋相为宫"。在这种情况下，不适宜进行变调，也不便于演奏和声。汉代的著名易学家京房、南朝时的何承天、五代时的王朴以及宋代的蔡元定，都对十二律进行了研究，试图解决这个不能"周而复始"的问题，但遗憾的是，他们都没有取得真正的成功，一直到朱载堉提出"十二平均律"的理论。

"十二平均律"采用了新的数理概念和计算方法，彻底摆脱了传统的"三分损益法"的禁锢，使十二律不能周而复始的音乐难题得到了彻底解决。17世纪的时候，朱载堉研究出的"十二平均律"的关键数据被传教士通过举世闻名的丝绸之路带到了西方。巴赫根据它制造出了世界上第一架"乐器之王"——钢琴。如今，世界上有十分之八九的乐器都是参照十二平均律来定音的，它被西方人认为是"标准调音"。在朱载堉发表这个理论半个世纪之后，欧洲人才提出了相似理论。德国物理学家赫尔姆霍茨曾经说过："在中国人中，据说有一个王子叫载堉的，他在旧派音乐家的反对中，倡导七声音阶。把八度分成十二个半音以及变调的方法，也是这个有天才和技巧的国家发明的。"

朱载堉是个大百科全书式的学者，他把自己的毕生精力都投入到科学研究中，成就辉煌。他首先创立了"舞学"，绘制了大量舞谱和舞图，他的"天下太平"字舞谱，是今天的团体操的雏形。他提出了比较系统的音乐教学体系，很多方法在现在的音乐教学实践中得到广泛应用。他首先利用珠算进行开平方，并且研究出了数列等式，一直到今天，他的某些演算方法还在沿用。他对历代度量衡制变迁的研究一直发挥着影响。他还精确地测定了水银的密度。他在天文学上也有很高造诣。当时通用的历法是《大统历》，经常出差错。万历二十三年（1595年），他向皇帝进献了《圣寿万年历》、《律历融通》两本书，请皇帝更改历法，得到允许。他认为当时的历法所计算出的每一年的长度不是很精确，在他的仔细观测和推算后，找到了计算回归年长度值的正确公式。专家们根据现代高科技手段对朱载堉对1554年的计算结果进行了验证，发现和我们今天所计算出来的结果只差17秒！

根据《明史》的记载，朱载堉一生中著有《嘉量算经》三卷、《律历融通》四卷，《音义》一卷，《万年历》一卷，《万年历备考》三卷，《律学新说》两卷等，这些著作的内容涉及音乐、舞蹈、天文、历法、数学、文学等，大部分都收入他的《乐律全书》中。估计我们在中国历史中很难再找到第二个这样的人：生于皇家，锦衣玉食，享受荣华富贵，却甘愿放弃王位，远离喧嚣，布衣粗食，埋首研究，付出了艰辛的劳动，在众多领域都取得了令人惊叹的成就，为我们夺得了多项世界第一。中外学者盛赞他是"不可思议的异人"，英国著名学者李约瑟称他为"中国文艺复兴式的圣人"。

说书艺人柳敬亭

万历三十七年（1609年），一个落魄少年在江边匆匆赶路，他脸色疲惫，风尘仆仆，看上去十分狼狈。走到一棵大柳树下时，他实在太累了，就一头倒在树下进入了梦乡。一觉醒来，微风正轻轻吹拂着，柳条在风中轻轻摆动。他站起来，抚摸着树干，想到自己被官府追捕，到处流浪，不禁悲从中来，他长叹一声，说，我以后就改姓柳树的柳吧，以敬亭山的名字为号吧。

这个落魄少年，就是后来大名鼎鼎的说书艺人柳敬亭。

柳敬亭出生于明神宗万历十五年（1587年），泰州人，祖籍南通。他原来姓曹，名永昌，字葵宇。他小时候是一个桀骜不驯的少年，好赌成性，是当地有名的恶人之一。十五岁那年，他犯了法，幸亏遇到了一个贵人——泰州府尹李三才，这个人为他开脱，使他逃脱了牢狱之灾。从此，他就流落在外，到处逃亡，先后到过泰兴、如皋、盱眙（xū yí）等地。盱眙这个地方不大，但是很热闹，每逢集市，都有艺人在街头说书。他对这种新奇有趣的表演方式产生了很大兴趣，每次都在人群中专心听讲，仔细观察，用心揣摩说书艺人的技艺，回去后偷偷练习。后来他鼓起勇气，也尝试着依照历史小说开始到公开场合去说书，居然也吸引了不少听众。这让他信心大增，决心成为一个出色的说书艺人。他不断提升自己的说书技巧，说得越来越好，声情并茂，能使听众的情绪随着说书内容而变化。

为了提高自己的说书技艺，他离开了盱眙这个小地方，渡过长江，到繁华的江南去，希望能碰到名师。在江边的大柳树下，他回顾过去，无限感慨，将自己的姓改成柳，名逢春，号敬亭。他要和过去一刀两断，开始新的生活。

　　常言说，玉不琢不成器。柳敬亭说书很有天分，但是如果不经过精心雕琢，也难以成大器。幸运的是，他在华亭（今上海市松江区）遇到了莫后光，这次偶遇成了他一生中的重要转折点。

　　莫家是当地的望族，莫后光是个读书人，知识渊博，善于说书，"三伏时每寓萧寺，说《西游》、《水浒》，听者尝数百人，虽炎蒸砾石，而人人忘倦，绝无挥汗者"。他在炎夏酷暑的时候寄居在萧寺中，说《西游记》和《水浒传》，听众有数百人那么多，虽然天气热得能把砾石蒸腾出热气，但是人人都听得聚精会神，忘记了疲倦，没有人擦汗。柳敬亭来到华亭这个地方说书，被莫后光注意到了，他看得他是个可造就的人才，如果能得到正确的引导，必定会成为一个出色的说书艺人。柳敬亭对莫后光的好意求之不得，他正希望得到名师指点，提高自己的说书技艺。莫后光对柳敬亭说："说书虽然是一种低微的技艺，但是要说好也不容易，必须熟悉各地的风土人情，勾画出故事里的人物性格，要像优孟（春秋时期楚国的宫廷艺人，擅长表演，常于谈笑间讽谏时事）一样用含蓄的语言来讽谏，才能达到说书的目的。"柳敬亭回到家里，专心致志地练习了一个月，然后又去见莫后光。莫后光对他说："你现在说书，能让人心情欢乐，大笑不止了。"又过了一个月，莫后光对他说："你现在说书，已经能让人感慨万分，痛哭流涕了。"又过了一个月，莫后光赞叹地对他说："你现在说书，还没开口，哀伤、欢乐的感情就先表现出来了，使听众也难以控制自己的情绪，你说书的技艺已经达到了精纯的程度。"

　　在莫后光的指导下，柳敬亭终于掌握了说书的真谛，信心大增。他离开乡野村镇，开始到更广阔的天地里去闯荡。他先后到扬州、杭州、南京等繁

明神宗朱翊钧像

华的大城市里去说书，名气越来越大，人们争着邀请他去说书，而且交口称赞，说他说得好。很多达官贵人也开始注意他，请他到王侯府第的豪华大厅中表演。明崇祯年间，将近四十岁的柳敬亭来到南京，在这里，他的说书生涯进入了辉煌时期，明末的诗文家阎尔梅这么评价他，"始也叙事略平常，继而摇曳加低昂"，"说至筋节处，叱咤叫喊，汹汹崩屋"。他的说书艺术简直到了出神入化的境界，"鼓板轻敲，便有风雷雨露；舌唇方动，已成史传春秋"。当时的南京人尊称他为"书绝"、"南都第一"。根据张岱的《陶庵梦忆》的记载，柳敬亭当时说书的出场费很高，"一日说一回，定价一两，十日前先送书帕下定，常不得空"。他出场一次就要一两银子，提前十天预定，竟然也常常预定不到。

南京一向是江南繁华之地，当时由于明朝政府的残酷剥削，遭受沉重压迫的农民奋起反抗，李自成和张献忠先后领导农民在陕北和陕西起义，天下大乱。在风雨飘摇的动荡局势中，权贵们却依然过着醉生梦死的生活，秦淮河上莺歌燕舞。柳敬亭凭借高超的技艺，接到各种邀请，出现在众多王侯府第，成为艺人中的红人，进而结识了很多著名的政治人物，比如当时的南京兵部尚书范景文以及居住在江苏常熟的东林党领袖钱谦益。当时钱谦益常常来苏州和南京，柳敬亭和他很熟，还到常熟为钱谦益说秦叔宝的故事。这大大提升了柳敬亭的社会地位，很多人都不敢把他当成下九流的艺人，对他敬重有加。

崇祯十六年（1643年），明朝政府派出左良玉将军镇压农民起义，他渡江南下，驻扎在安庆。安庆守将杜弘域想结交左良玉，就介绍柳敬亭到将军的幕府。初次相见，左良玉想考验一下柳敬亭的胆识，故意在帐下排列两队凶悍的武士，架起刀枪，其他人都吓得惊慌失措，柳敬亭却镇定自若，谈笑风生，使左良玉大为佩服，两人一见如故。左良玉行伍出身，是个大老粗，军中的公文多由儒生写就，言辞文雅，左良玉十分不喜欢。柳敬亭常在社会下层生活，阅历丰富，语言多为平实的俚语白话，所拟的公文通俗易懂，很合左良玉的心意。晚上，柳敬亭常端坐在军帐中，讲述历史上的忠勇侠义事迹，吸引很多将士来听，既放松了心情，又鼓舞了士气。柳敬亭虽然深得将军宠信，书也说得好，但是不摆架子，待人和气，人缘很好。因为他脸上有麻子，将士们都亲切地叫他"柳麻子"。

瞽目先生小說流稗官敲
鉢唱街頭村翁里婦扶攜
聽償焉歡欣償焉愁

御製題畫一首 壬子歲中春
勅敬書

清代金廷标所绘的《瞎子说唱图》。描绘了农村的田间地头，村民聚集在一起听一个盲人在大树下说唱的场景

借着左良玉的威势，柳敬亭在官场上也获得了不一般的地位。崇祯十七年（1644年），李自成攻克北京，崇祯皇帝自尽，明朝的宗室和遗臣向南方撤退。钱谦益等东林党人拥立潞王朱常淓（fāng），马士英、阮大铖等人拥立福王朱由崧，最后福王成为最终的胜利者，在南京称帝，建立了南明政权。很多被迫害的东林党人纷纷跑到左良玉的军中避难，引起马士英等人的不满。为了消除朝廷的猜忌，左良玉派柳敬亭为特使到南京去。柳敬亭到南京后，朝中大臣对他很恭敬，请他坐在南面，称呼他为"柳将军"，十分荣耀。左良玉为了奖励他的功劳，几次要授予他官职，都被他婉言谢绝了。

常言道，盛极必衰。明弘光元年（1645年），左良玉称奉崇祯太子密诏，要清理皇帝身边的奸臣，诛杀马士英。他举兵东下，从武昌出发，向南京进逼，不料天有不测风云，中途病死在九江，大军随之溃败。柳敬亭安逸的军中生活也被迫结束了，他只好重新到扬州、苏州等地的街市上开始说书，借以维生。国家的动荡、朝代的更替、个人的遭遇，都在柳敬亭的脑海里留下了深刻的烙印，他把这些人生的悲欢离合，都融进了他所演说的故事里，表演更加真切感人。

柳敬亭此后的命运充满波折，他又曾接受聘请到军中说书，后来寓居苏州。他的老友龚鼎孳多次邀请他到北京观光，康熙元年（1662年），已经七十六岁高龄的柳敬亭来到北京。老友为他安排了隆重的诗酒会，邀请了众多社会名流和诗人来参加，听柳敬亭说书，并现场写诗赠文，震动了北京的文艺圈。从此，柳敬亭在北京获得了显赫的名声，到处演出，周旋于王公贵族之间，前后有四年之久。康熙四年（1665年）的暮春，八旬高龄的柳敬亭离开北京，买舟南下，踏上了归途。

从北京这个繁华的名利场中返回故乡以后，柳敬亭已是风烛残年，但是为了糊口，已经八十多岁的老人还在扬州、苏州等地献艺。最后他哪一年去世，埋葬在哪里，历史上却没有一点记载。这位跨越明清两代，历尽繁华与落寞，深受百姓喜爱的一代评话大师，竟然就这样默默地被湮没在历史的风尘中了。

柳敬亭所擅长的说书艺术，其实由来已久，早在唐宋时代就已经是独立的表演形式，叫做"说话"。南宋时，开始发展为各种流派，分为"小说、说经、讲史、合生"，称为"小说四家"。内容上各自偏重鬼怪故事、宗教传说、历史事迹、当世故事等。到元代的时候得到进一步发展，称为"平话"。明末清初，说书艺术发展到一个新的阶段，书坛上群星闪耀，有扬州的张樵、陈思，苏州的吴逸、柳敬亭等人，柳敬亭则是其中的佼佼者。他的精湛技艺把说书艺术推向了高峰，后世艺人纷纷向他学习，他在中国曲艺史上的重要地位是无人质疑的。艺人们收徒，都要先拜柳敬亭的牌位，将他奉为说书艺人的祖师爷。

说书这项技艺对语言的运用要求很高，柳敬亭是有名的"辩士舌"，他表情丰富，生动幽默，善于以形象化的手法来表现人物，以轻重缓急的语速来制造气氛，十分传神。周容的《柳一歌》中说："往事有无书数卷，闻君一说如相见。忠贤奸佞顷刻身，老幼悲欢婉转面。"他最擅长讲楚汉、隋唐和水浒故事，以英雄盗贼故事最为生动。很多文人都听过他的演说，对他十分推崇，纷纷为他作传，如吴伟业的《柳敬亭传》和黄宗羲的《柳敬亭传》。当时的名士黄宗羲瞧不起说书唱戏的街头艺人，说柳敬亭"本琐琐不足道"，但是也被他的技艺折服，说他"每发一声，使人闻之，或如刀剑铁骑，飒然浮空，或如风生，檀板之声无色"。这时，他已经远远超出了他的师傅莫后光所说的那种境界了。

根据零星的史料记载，柳敬亭常说的书目为长篇小说《水浒》、《隋唐》、《西汉》中的选段。他所说的评话，由当时的文人整理成《柳下说书》八册。虽然他名重一时，但是直到晚年才开始授徒。扬州人居辅臣传承了他的衣钵，卓有成就，善于演说隋唐故事。从清代一直到解放初期，泰州和扬州一带，说书艺术发展繁荣，这显然和柳敬亭不无渊源。

汤显祖和《牡丹亭》

《牡丹亭》全名为《牡丹亭还魂记》，是明朝著名剧作家汤显祖的代表作之一，和他的《紫钗记》、《邯郸记》、《南柯记》合称"玉茗堂四梦"或者"临川四梦"，它同时又和《西厢记》、《长生殿》、《桃花扇》（另一说为《窦娥冤》）并称为中国四大古典戏剧。作者本人对这部剧也深感得意，曾经说："一生四梦，得意处惟在牡丹。"

这部剧讲述了一个虽然曲折但是结局美好的故事。贫寒书生柳梦梅做了一个梦，梦到一座花园的梅树下站着一个美丽女子，说命中注定跟他有姻缘。醒来后，柳梦梅就对这个女子念念不忘。很巧的是，南安太守杜宝有个女儿叫杜丽娘，才貌双全，她从花园回来以后也做了一个梦，梦中有一个书生拿着半枝柳条上前求爱。醒来以后，杜丽娘也患上了相思病，从此一病不起，最终离开了人世。临死前，她要求母亲把她葬在花园里的梅树下，并且嘱托丫环春香把自己的自画像藏在太湖石下。后来机缘巧合，柳梦梅在太湖石下看到杜丽娘的画像，认出她就是自己梦中见到的佳人。柳梦梅掘开坟墓，杜丽娘起死回生，两人结为夫妻。杜丽娘的老师发觉坟墓被盗，就告发了柳梦梅。柳梦梅在临安参加科举考试后，去杜家送还魂喜讯，却被杜宝囚禁。放榜后，柳梦梅高中状元，但杜宝仍然不接受这个女婿，强迫他们离异。最后，事情闹到皇帝那里，两人终成眷属。

《牡丹亭》中的爱情描写，突破了以往类似爱情戏剧的框架，达到了新的思想高度。作者让剧中的青年男女为了爱情出生入死，爱情的力量能够战胜一切，超越生死，"情不知所起，一往而深。生者可以死，死可以生。生而不可与死，死而不可复生者，皆非情之至也"。这是汤显祖在该剧中的感慨:"爱情不知道是从哪里产生的,却一往情深。为了爱情,生者可以可以死,死者可以生。如果生者不会为此而死,死者不可为此复生,都不是真正的爱情。"杜丽娘也是作者塑造的一个光辉形象,她在追求爱情的过程中表现出无比的坚定和执著,为情而生,为情而死。这部戏在当时引起了极大的轰动,《顾曲杂言》中说:"《牡丹亭》梦一出,家传户诵,几令《西厢》减价。"那些情感受到压抑的女性,看到这部戏,引发了强烈的共鸣。据说,杭州女伶商小玲演出《牡丹亭》"寻梦"一出戏时因为过于投入,竟然倒在台上,伤心而死。在明代的《梅花草堂笔谈》中讲到一个痴迷《牡丹亭》的娄江女子俞二娘,她反复读了很多遍《牡丹亭》,在剧本上作了很多密密麻麻的批注,悲叹自己的命运像杜丽娘一样曲折跌宕,终日郁郁寡欢,最后断肠而死,临死前手里还握着《牡丹亭》的戏本。汤显祖知道这件事以后,感慨万分,写下了《哭娄江女子二首》:

画烛摇金阁,真珠泣绣窗。
如何伤此曲,偏只在娄江。

何自为情死,悲伤必有神。
一时文字业,天下有心人。

《牡丹亭》具有如此震撼人心的力量,原因在于它尊重人性,提倡身心解放,重视人的自由权利,这使一直被压抑的广大群众尤其是青年女性感同身受,具有强烈的感染力。这种人性解放的思想倾向影响深远,在清朝曹雪芹的伟大著作《红楼梦》中也可以清晰地看到它的印迹。

除了有深刻的思想内涵以外,《牡丹亭》也取得了杰出的艺术成就。汤显祖在戏中使用了浪漫的艺术手法,他让女主人公为爱情起死回生,充满了

明代汤显祖所著的《牡丹亭》古本插图

幻想色彩，情节离奇。人物的内心世界在他的笔下得到充分的展示，一个个性格鲜明。汤显祖具有很高的文学修养，戏中的语言艳丽华美，意境深远，一些经典唱词到今天仍然脍炙人口。

　　写出这部不朽剧作的汤显祖字义仍，号海若、若士，江西临川人，是明代著名的戏曲家和文学家，在中国戏曲史上，和关汉卿、王实甫齐名，在中国乃至世界文学史上都占据着很重要的地位。

　　嘉靖二十九年（1550年）中秋节前夕，江西抚州临川镇的一户人家里，诞生了一个幼小的生命，他肆无忌惮地哇哇大哭，丝毫不知道以后会经历怎样曲折的人生，在中国文学史上会写下怎样浓重的一笔。这个小孩就是日后名满天下的大戏剧家汤显祖。

　　汤家是书香门第，祖上四代都有文名。汤显祖的父亲汤尚贤是明代嘉靖年间著名的学者和藏书家，知识渊博，重视教育。他在临川创立了汤氏家塾，聘请江西的理学大师罗汝芳为老师，汤显祖和其他汤家子弟都进入这个家塾里学习，从小就接受了良好的教育。汤显祖天资聪颖，五岁就开始读书，十二岁就能作诗，十四岁就补了县里的诸生（指明清时期经过考试录取而进入府、州、县各级学校学习的生员），二十一岁就中了举人。按照这个势头发展下去，汤显祖很快就能进入仕途出人头地。但是，当时的明代社会已经开始走下坡路，科举制度已经被腐蚀，成了权力集团营私舞弊、获取利益的方式之一，贵族子弟通过科举的方式名正言顺地取得名利地位。在万历五年（1577年）和万历八年（1580年）的两次会试中，当朝首辅张居正要安排他的几个儿子取中进士，为了掩人耳目，要找几个有真才实学的人作陪衬。汤显祖和沈懋学等人因为声名远扬，被列入笼络名单，张居正的叔父亲自来游说他们，并许诺可以让他们中前几名。面对巨大的诱惑，沈懋学等人动心了，但是汤显祖坚决拒绝了，他说，我是处

汤显祖像

女不敢失身。后来的结果可想而知，沈懋学出卖了自己，高中状元，汤显祖却名落孙山。在张居正当权的那些年，他始终被压制着，永远被排斥在科举的榜单之外。万历十一年（1583年），张居正死了一年以后，汤显祖才中了进士。第一年，他先在北京做了见习官员，第二年，被朝廷派到南京任太常寺博士。这是个七品的闲职，形同虚设，但是汤显祖并没有失望，他在这里一待就是七年。南京当时是文人荟萃之地，光戏曲家就有徐霖、姚大声、金在衡等人，汤显祖在这里如鱼得水，一面读书写作，一面同他们切磋唱和，过着恬淡自得的生活。

南京这个地方自永乐年间以来，是明代的留都（古代王朝迁都以后，旧都仍置官留守，故称留都），这里也并不太平。万历十一年（1583年），提倡"文必秦汉，诗必盛唐"的"后七子"中的王世贞以应天府尹的身份来到南京，后来又在这里做了刑部侍郎和刑部尚书，官位显赫，他的文学影响力也随之扩大，很多士大夫都来趋附。但是汤显祖却并不随波逐流，他重视创新，反对复古，和王世贞他们的文学观点大相径庭。虽然他是王世贞之弟王世懋的下属，却不愿意和王氏兄弟来往，甚至在给朋友的信中说："无与北地诸君接逐之意，北地诸君亦何足接逐也。"汤显祖在文学上和政治上都显露出自己独特的个性，不和专制的统治者同流合污，表现出铮铮傲骨。

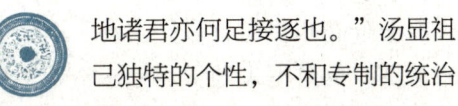

万历十九年（1591年）闰三月的一个夜晚，天空出现彗星，明神宗颁布诏书，严厉指斥谏官未能尽职尽责，以至于上天见怪。汤显祖当时为南京礼部祠的祭司主事，他趁机给皇帝上了一篇《论辅臣科臣疏》，措辞严厉，弹劾首辅申时行等人，说陛下的权力为阁臣所窃取。奏折惹怒了明神宗，他生气地说："此人假借议论国事之名，攻击内阁大臣。"一道圣旨就把汤显祖放逐到了雷州半岛。一年后又赦免了他，让他到浙江遂昌任知县。在这里，汤显祖倾尽全力进行治理，让这个贫瘠的地方大有起色，农业和商业都兴旺起来。但是他的政敌并没有放过他，抓住他的一些做法大做文章，趁考核官员的时候恶语中伤。汤显祖早就对官场心生厌恶，不等朝廷有所动作，先递上了辞呈，并且不等批准就回到了家乡。

在家乡临川沙井巷，他建起了一座"玉茗堂"，里面有清远楼、揽秀楼等，因此他又自号"清远道人"。就在这一年，他开始进行那部伟大戏剧

《牡丹亭》的创作。他在写作过程中，全身心投入剧情，和主人公共呼吸，同命运。有一天，家人突然不见了他的踪影，到处寻觅，才发现他在庭院的偏僻处，用衣袖遮着脸，哭得十分伤心。家人问他怎么了，汤显祖说："当写到'赏春香还是旧罗裙'一句时，悲不自禁，以致如此。"

晚年时他潜心佛学，企图在佛学中寻找人生的意义，思想逐渐转向保守消极，自号"茧翁"。万历四十四年（1616年），汤显祖在家乡病逝，巧合的是，英国大戏剧家莎士比亚也在同一年去世，由于汤显祖在东方戏剧界的巨大成就，人们都称他为"东方的莎士比亚"。

纵观汤显祖的一生，他在仕途上无大作为，一直处于受压制的状态，得不到上层阶级的欣赏。但是他潜心于戏曲，孜孜不倦地进行创作，留下了大量宝贵的文学财富。他从小师从罗汝芳，思想上受到老师的很大影响。罗是泰州学派王艮的弟子，这个学派继承了王守仁哲学思想中的积极部分，抨击程朱理学，反对封建教条，提倡个性解放，又称"左派王学"。万历年间，这一学派的代表人物是李贽。汤显祖十分欣赏李贽，从遂昌辞职以后，曾在临川和李贽会面。李贽在狱中自杀以后，汤显祖十分痛心，作诗哀悼。汤显祖的作品充分体现了他的思想，具有反对程朱理学、追求个性解放的鲜明主题。

汤显祖是继关汉卿之后最负盛名的伟大戏剧家，他的戏剧现存五种，即"玉茗堂四梦"和《紫箫记》。《牡丹亭》是其中影响最大的一部剧作。汤显祖不仅能诗会文，并且通晓天文地理，医药占卜等。他的古文长于议论，书信写得富有感情，并且对历史也很有研究，修订过《宋史》，但是他成就最高的、最为世人所推重的，还是传奇。他和他的伟大传奇在中国文学史上永远熠熠生辉。

书画大家董其昌

董其昌是明代后期著名的画家、书法家和书画理论家,同时也是著名的鉴赏家和收藏家,在书画界的声誉很长时期内无人可及,对后世影响深远。一直以来,他的作品都是海内外大收藏家孜孜以求的目标。

董其昌,字玄宰,号思白、思翁,别号香光居士,明世宗嘉靖三十四年(1555年)正月十九日出生在一个没落的官宦之家。他的家庭并不富裕,根据他自己的说法,家里只有二十亩薄田,他平时只穿着一件白袍,年轻时迫于生计,还去教过私塾。幸运的是,他的少年时代过得还算平静安稳。董家有一个幽静的院子,有山石有亭子,还有一个池塘。他的曾祖母是著名画家高克恭的玄孙女,学识渊博,从小就教小其昌学画,给他奠定了良好的绘画基础。高克恭是"元初三杰"(高克恭、赵孟頫、商琦)之一,他的山水画初学"二米"(米芾、米友仁父子),后学董源和李成,综合各家风格,自成一家;墨竹也画得很好,和北宋擅长画墨竹的文人画家文同齐名。

虽然家学渊源很深,但是董其昌走上书法艺术的道路,却是因为一件很偶然的事情。这件事被他记录在《画禅室随笔》中。原来,十七岁那年,董其昌参加了会试,因为他文才出众,考卷本来要被松江知府衷贞吉列为第一,但是因为嫌弃他的字写得太差,就将他改为第二,将字写得比较好的董源正(董其昌的堂侄)提拔为第一。董其昌因为这件事很受打击,为了雪耻,他开始钻研书法。他说:"郡守江西衷洪溪以余书拙置第二,自是始发愤临池矣。初师颜平原(真卿)《多宝塔》,又改学虞永兴(世南),以为唐书不如魏晋,遂仿《黄庭经》(王羲之所书)及钟元常(繇)《宣示表》、《力命表》、《还示帖》、《丙舍帖》。凡三年,自谓逼古,不复以文征仲

明代董其昌所书的《白居易琵琶行》（局部）

（征明）、祝希哲（允明）置之眼角。"从他这段自述里可以看出，他知耻而后发愤，先后学习临摹颜真卿、虞世南、王羲之、钟繇等人的书法，三年以后，已经不把文征明和祝允明的书法放在眼里了。后来，他在著名收藏家项元汴家看到很多书法真迹，就继续潜心研习书法，以古代书法名家为师，综合了晋、唐、宋、元各家的长处，同时又融入自己的见解，终生坚持勤练不辍，最终自成一家，形成飘逸空灵、平淡古朴的风格。董其昌集古法之大成，对"六体"和"八法"无一不精，《明史·文苑传》中说他当时"名闻外国，尺素短札，流布人间，争购宝之"。意思是说，他的名气甚至传到国外，凡是他的书法作品，无论是大幅还是小幅，人们都争相购买珍藏。他的书法以行书和草书造诣最高，用笔精到，布局疏朗匀称，用墨也十分讲究，枯湿浓淡把握得非常好。他本人对自己的楷书尤其是小楷也相当自负。

万历十七年（1589年），三十四岁的董其昌中了第二甲第一名进士，被授予翰林院庶吉士，到翰林院学习，从此开始了一帆风顺的仕途生涯。三年后，他被授予翰林院编修的职务，没过多久，又担任皇子朱常洛的讲官。这个职位很重要，如果皇子将来登基，他就是皇帝的老师，很多原来轻视他的官员开始改变态度，但是他无法忍受朝中复杂的人事关系，没多久就告病回到了老家松江。后来，他又担任过湖广提学副使和福建副使等职务，官至南京礼部尚书。当时的礼部尚书是六部尚书之一，职位很高。天启六年

（1626年），他辞官回到家乡，整天谈书论画，过着优哉游哉的生活。很多附庸风雅的官宦和商人闻名而来，求字画的，拉关系的，络绎不绝，董家门口整日人来人往，好不热闹。

虽然董其昌没有留下书法专著，但是他的书法理论散见于大量的题跋中。他曾说过："晋人书取韵，唐人书取法，宋人书取意。"这是历史上的书法理论家第一次用韵、法、意来概括晋朝、唐朝和宋朝的书法审美取向，十分精到。他一生勤奋创作，又享有高寿，所以给后世留下了很多书法作品，代表作有《白居易琵琶行》、《袁可立海市诗》、《前后赤壁赋册》等。

在元代赵孟頫妩媚圆熟的"松雪体"称雄书坛数百年后，董其昌以淡雅天真的风格自成一家，独领风骚。不仅无数文人学士追捧，而且到清代中期，康熙皇帝和乾隆皇帝都酷爱他的书法，到处搜寻他的真迹，经常临摹，放在座位旁边欣赏。皇帝的喜好更加剧了追捧董书的热潮，上至朝廷高官，下至求功名的学子，都以董书为晋升的途径，争学董书。他的书法影响之深远，是很多书法家远远不及的。他得到了无数颂扬，清代著名学者、书法家王文治称他的书法为"书家神品"。但也有人不以为然，康有为就讽刺说："香光（董其昌）虽负盛名，然如休粮道士，神气寒俭。"

历来书画不分家，董其昌同样在绘画上也下了很多工夫，为了临摹真迹，练习绘画，甚至废寝忘食。他的绘画取法于董源、巨然、倪瓒等山水画大师，兼收并蓄，融会贯通，终于也成为一个山水画大师。他的画风秀丽潇洒，笔墨富有韵味，他所画的山川树石、烟云流水，墨色鲜明，笔法丰富，层次分明，古拙之间透出清秀。他的绘画作品流传至今的很多，代表作有《高逸图》、《关山雪霁图》、《江干三树图》、《秋兴八景》、《疏林远岫图》、《夏木垂阴图》等。其中，故宫博物院所藏的《关山雪霁图》作于他八十一岁时，由关仝的《关山雪霁图》原幅改写而成，是技法纯熟的用力之作，画中山峦起伏，绵延无际，重峦叠嶂，气势雄伟，丛林、村落、流水、小径，错落有致。云烟弥漫，笼罩着树木和石头，显得悠远莫测，意境深邃。卷尾有数行跋文，娟秀刚劲，和画面相得益彰。

董其昌的绘画作品流传下来的很多，但是经过专家考证，很多却是由他人代笔、他自己落款盖章的伪作，这比一般的模仿之作更难辨认。由于当时董其昌的名气已经很大，许多人求画而不得，于是就有人情愿花钱买"代笔画"。根据现代学者的研究，董其昌绘画作品的主要代笔人有赵左、沈士充、吴振、叶有年等。

董其昌对书画的见解相当丰富，提倡文人画的"士气"，还主张要从生活实践中吸取营养来丰富和提高绘画技巧，曾经说："读万卷书，行万里路。"他崇尚的一个艺术标准是"淡"，他对诗、文、书、画的论述都曾提及这个标准。在《画禅室随笔》中，他明确指出："作书与诗文同一关捩（liè）。大抵传与不传，在淡与不淡耳。"什么是"淡"？就是天然、天真，不浓妆艳抹，去掉雕饰，不露斧凿痕迹。除此之外，他还提倡以摹古代替创作，又用禅宗的南北派别来比喻绘画流派，在《画旨》中提出了"南北宗"的说法。虽然将绘画分为两派，但是他并未一视同仁，却抱有很大的偏见，认为应该"崇南贬北"。为什么呢？因为南宗是他所倡导的文人画，有书卷气，如同禅家南宗的"顿悟"；而北宗却是行家的画，只有锤炼出的技巧，缺乏情趣，就如禅家北宗的"渐修"。由于他当时在画坛和政坛上的地位，他的论点得到了很多人的附和，成为之后三百余年文人画创作的主要指导思想。虽然也有人对此提出异议，比如清初山水画大家石涛就无情地嘲笑了他的论点，但并没有起到什么作用。

崇祯九年（1636年），董其昌去世，享年八十二岁，葬于胥口渔洋山中。据说，他生前在游览渔洋山的时候，就看中了这个地方，特意留下了"归骨渔洋"的遗嘱。他的墓穴至今仍然存在，墓前有石马、石龟、石碑等。

明代董其昌所绘的《高逸图》

一代宗师陈洪绶

陈洪绶是明末清初的杰出画家,画风独树一帜,被称作"明三百年无此笔墨",堪称一代宗师,连鲁迅先生也十分推崇,说:"老莲的画,一代绝作。"他和同时代的著名人物画家崔子忠齐名,号称"南陈北崔"。

陈洪绶,字章侯,幼名莲子,号老莲,又号悔僧、云门僧。明万历二十六年(1598年),他出生在绍兴诸暨市枫桥镇陈家村的一个已经没落的官宦世家。他的曾祖父曾经做过扬州经历,祖父做过广东、陕西布政使。到了他父亲这一辈,家道却衰落下去了。他的父亲叫陈于朝,只中过秀才,没能走上仕途。在陈洪绶出生前,有一个道人给他父亲一枚莲子,说,把这个莲子吃下去,就能得到一个聪明漂亮的孩子。他的话果然应验了,陈洪绶幼年就聪颖过人,能作诗,能写文章,书法也写得好,被称为神童。还在四岁的时候,他就显露出了一个天才画家的潜质。那一年,他到已经定亲的岳父家,看到墙壁刚刚粉刷完毕,就把桌椅当做脚手架,在墙上画了一尊八九尺高的武圣关羽像。画中的关羽一手捋髯,一手拿着《春秋》在读,神采奕奕,栩栩如生。他的岳父看到了,大吃一惊,赶紧毕恭毕敬地顶礼膜拜。

十岁那年,陈洪绶在杭州临摹李公麟的七十二贤石刻,他关起门来临摹了十天,拿出来给人看,大家都连连称赞,说他画得像。他听了很高兴,又关起门来临摹了十天,然后又拿出来给人看。这次大家都说画得不像,他听了却很高兴。因为他当时已经清晰地意识到,仅仅只有形似是不够的,要神似才行。他第二次临摹的时候,就故意将临摹对象的形式进行了改变。小小年纪就有如此悟性,实在令人惊叹。就在这一年,陈洪绶拜杭州著名的画家孙杕(dì)和蓝瑛为师。孙杕善于画花卉竹石,他的花鸟画可与黄筌、赵昌相比；蓝瑛是"武林派"的创始人，以山水画著称，画风自成一家，成就很高。但是就是这么两位画坛高手见到陈洪绶作画，却都表示折服。孙枕感叹说："使斯人画成，道子、子昂均当北面，吾辈尚敢措一笔乎！"意思是说，如果假以时日，等陈洪绶学成，就是吴道子和赵孟頫也赶不上了，我们这些人哪里还敢再动笔！蓝瑛也自愧在人物画上功力不如陈洪绶，他认为这个弟子的画画才能是"此天授也"，自己一辈子都比不上了，于是从此不再画人物。

陈洪绶不仅天赋过人，而且十分勤奋，十四岁那年，他的作品只要拿到集市上去卖，就有人购买。十五岁时，他就开始给人作寿图、寿文。虽然还是个少年，他的才能却已经可以作为他谋生的本领了，但是家庭的状况却在不断地走下坡路。他的父亲三十五岁就去世了，那时他才九岁。十八岁那年，母亲也去世了。他的哥哥生怕弟弟分走家产，竟然不顾手足之情，对他进行排挤。陈洪绶十分伤心，他放弃了自己的那份财产，离家出走，到绍兴去谋生了。

在绍兴这里，他正好碰到一个非常有名的学者刘宗周在那里讲学。刘宗周是明末思想家，浙东学派的奠基人，提倡"慎独"，就是即使在独处的时候也要谨慎而严格。陈洪绶对他非常钦佩，拜他为师，成了他的入室弟子。刘宗周的思想对陈洪绶影响很大，这些影响不仅在陈洪绶的言行中，而且在他的绘画中都有所体现。这一年冬天，陈洪绶创作出十一幅《九歌图》人物图。接着，又画了一幅《屈子行吟图》。图中，屈原戴着高冠，身佩长剑，独自行走着，虽然他看起来面容憔悴，却流露出坚毅的神色。这幅画出色地概括了屈原的性格和精神，历来被世人所赞赏，一直无人能够超越，成为屈原像的经典之作。

二十岁时，陈洪绶中了秀才，他满以为凭着自己的才能，可以通过科举的方式走上仕途，实现抱负，但是现实却给他开了一个大玩笑。他屡试不第，直到四十二岁还没有实现自己的理想。后来他捐钱进了国子监，被召为舍人，奉命临摹历代帝王像。他在宫中见识了众多内府所藏的古今名画，不断吸取营养，画技日益精进，名扬京师。当时北方著名的画家崔子忠也在北京，以善于画人物而著称，因此当时有"南陈北崔"的称誉。崇祯皇帝后来要提拔陈洪绶做宫廷御用画师，他却拒绝了。他看透了政权的腐败，知道很

明代陈洪绶所绘的《陶渊明故事图》(局部)

难在这样的环境中有所作为，不如退隐，于是南归回到了家乡诸暨。他住在绍兴徐文长的故居，把这里起名为"青藤书屋"。在这里，他专心研究书画，不问世事。

明代灭亡以后，他敬重的老师刘宗周自杀殉国，他自己也到云门寺削发为僧，由于深悔自己未能为国尽忠，他改号为"悔迟"，自称悔僧。一年后，他又还俗，移居杭州，以卖画为生。在杭州的日子是他生命中的最后三年，也是他的绘画创作高峰期，《归去来图》、《四乐图》、《折梅仕女图》等都作于这一时期。顺治九年（1652年），他"喃喃念佛号而卒"，去世时年仅五十五岁。

陈洪绶的艺术成就，也表现在版画方面。他所作的版画稿本，主要用于书籍插图和制作纸牌，著名的有上面提到的《九歌图》、《屈子行吟图》，另外还有《水浒叶子》四十幅、《张深之正北西厢》（《西厢记》插图）六幅、《鸳鸯冢娇红记》四幅以及他逝世前一年所作的《博古叶子》四十八幅。在《西厢记》的插图中，有一幅《窥简》，描绘了莺莺手拿信纸在屏风后仔细看，丫环红娘咬着手指躲在一边偷看，表情顽皮，画中还绘有四扇屏风，上面有不同的花鸟画，对画面起到了烘托的作用。这些插图对中国的版画艺术有很大的影响，陈洪绶也可以算是中国最早最有名望的插图画家。

191

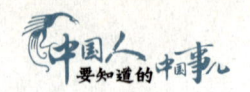

明代陈洪绶所绘的《南生鲁四乐图》（局部）

　　由于曾经遁入空门，陈洪绶在绘画上也涉猎过道释题材，比如《无法可说图》和《观音像》。《观音像》中描绘了一个男相观音，方脸阔耳，雍容大度，他身披白色袈裟，手执拂尘，端坐在菩提叶团上。画面上方用洒脱的字体写着《心经》，末尾署名："云门僧悔病中敬书"。

　　陈洪绶的人物画多取材于历史故事，借古喻今，寓意深刻。所画的人物怪诞变形，女人弯腰驼背，儿童头大如斗，一反其他画家将人物尽量画得比例协调、外形美丽的惯例，表现出强烈的个性，类似于早期的印象派画家。他的画技到了出神入化的境地，人物线条沉着简练，勾勒精细，色调清雅，"衣纹细劲清圆"，令人过目不忘。流传至今的人物画代表作有《南生鲁四乐图》、《陶渊明故事图》等，大多表现了怀念故国的郁闷情绪。他是一个全能画家，人物、山水、花鸟无所不精，他重要的山水花鸟作品有《莲石图》、《荷花鸳鸯图》等。台北故宫博物院收藏有一本《杂画册》，里面除了花鸟、竹石，还有人物，笔法圆熟，完成于陈洪绶四十七岁时。后代的很多画家，如清代的罗聘、任颐等人，都深受他的影响。他流传下来的绘画作品比较多，被世界各地的大博物馆所珍藏。他以绘画闻名，但在书法上也取得了惊人的成就，奇特洒脱，自成一家，《行书诗》等是他的行草代表作。除此之外，他还是个诗人，著有《宝纶堂集》等。

画僧石涛

崇祯十七年（1644年），李自成大军攻入北京，崇祯皇帝自杀，明朝灭亡。靖江王朱亨嘉在桂林自称监国，不久后，因为同室操戈，在福州被唐王朱聿键处死。朱亨嘉的儿子朱若极当时年幼，被一个太监救出，带到全州湘山寺出家为僧，法名原济，字石涛，别号苦瓜和尚、大涤子、清湘老人等，这个孩子后来成了明末清初画坛上极负盛名的一个书画大家。

关于石涛的出生时间，历史上有很多说法，但总结起来，大致为崇祯十五年（1641年）左右。他的去世时间，也有争议，有康熙四十四年（1705年）、康熙四十六年（1707年）、康熙五十七年（1718年）等说法，采用康熙四十六年（1707年）说法的较多。石涛出生于贵族之家，明朝覆亡时，他还是个小孩，虽然遁入空门，但并非是自己的意愿，因此他虽然身在佛门，却和外面的万丈红尘有千丝万缕的关系，也时常有入世之意。由于明朝覆亡后，清朝政府清理"明朝余孽"，石涛为了避开兵祸，辗转在广西、江西、江苏、浙江、安徽等地，过着颠沛流离的生活，到晚年才定居扬州。

石涛原本为贵族之后，由于家国之变，沦落为僧，远离繁华人世，落魄的处境让他郁郁寡欢，常常处于压抑的状态中，内心充满苦涩，后来就养成了爱吃苦瓜的习惯，餐餐不离苦瓜，甚至还把苦瓜供奉在案头，自号苦瓜和尚。渐渐地，他把这种纠结矛盾的感情投射到了自己创作的书画之中，所以他的作品充满了难以言喻的动感和张力。十六岁时，他画了一幅山水画，山高水冷，一个僧人独自坐在舟中，画上题了一首诗："落水寒生秋气高，荡波小艇读《离骚》。夜深还向山中去，孤鹤辽天松响涛。"这个孤独凄凉的僧人就是他自己的写照。

在石涛长期的绘画生涯中，宣城时期是他的画技突飞猛进的重要阶段。在这里的十余年里，他广交朋友，认识了梅清、汤燕生等有名的画家，经常和他们谈诗论画，切磋技艺，为他自己的画风形成起到了积极的推动作用。梅清是安徽宣城人，是黄山画派的主要代表人物。石涛在宣城旅居期间，曾经第一次游览黄山，深受感染和震动。梅清在石涛的带动下，也登上了黄山，从此就和黄山结下了不解之缘，他说："余游黄山之后，凡有笔墨，大半皆黄山矣。"石涛、梅清和渐江被称为黄山画派三巨子。有人说：石涛得黄山之灵，梅清得黄山之影，弘仁（渐江）得黄山之质。石涛和梅清最初是在南京奉圣寺认识的，后来他应梅氏兄弟邀请，于康熙九年（1670年）移居宣城，两个人成为忘年交。从石涛这一时期的创作中可以看出，他深受梅清的影响。他创作的《观音图》轴，以流畅的笔法勾勒出人物的衣褶和山石的纹理，又细致地描摹出观音丰满的脸庞，线条变化多端，对比鲜明，和梅清的笔法有很多相近之处。

清代石涛所绘的《枇杷图》

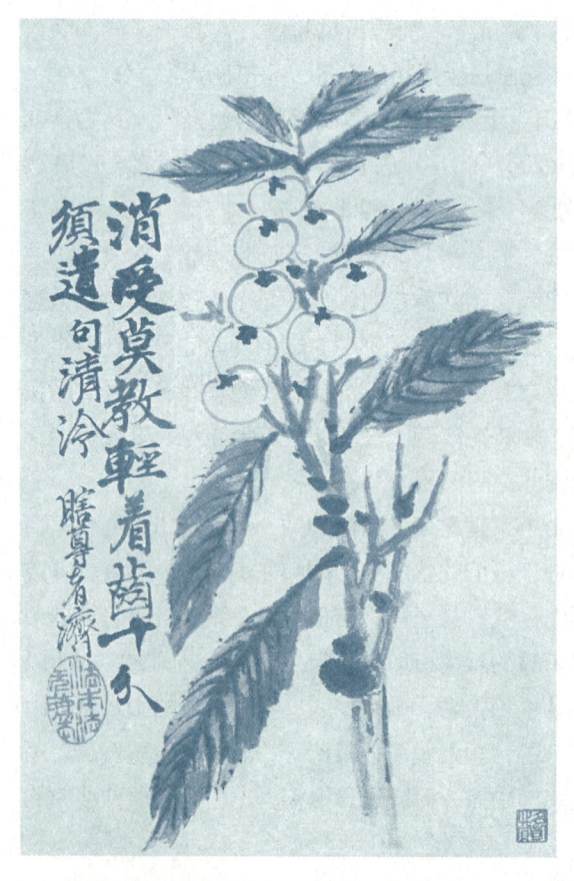

石涛长期浪迹于城市和山林之间，饱览名山大川，体验各地风物，获得了丰富的艺术灵感，因此他的作品充满了蓬勃的生命力。他擅长画山水，兰竹也画得很好。他的山水画广泛吸取历代画家之长，在传统的笔墨技法基础上，进行革新和变化，并且把自己从大自然中吸取的灵感融入进去，形成了苍郁酣畅的独特风格：笔法流畅，构图新奇，气势奔放，变化多端。他画的花鸟和兰竹也不拘一格，直抒胸臆，清润流利。

明末清初的画坛虽然出现了一些大家，比如四王（王时敏、王鉴、王翚（huī）、王原祁）等，但他们摹古师古，因循守旧，不愿意从现实生活中吸取营养，提倡"以元人笔墨，运宋人丘壑，而泽以唐人气韵"，也就是说，绘画时，要使用元代画家的笔法，学习宋代画家的布局，然后加上唐代画家的格调。虽然他们也获得了世人的肯定和赞誉，但是这种摹古的风气却不利于绘画艺术的发展。康熙三十一年（1692年），石涛在京师游历的时候，公开站出来表示强烈反对，他说："古人未立法之先，不知古人法何法，古人既立法之后，便不容今人出古法，千百年来，遂使今人不能一出头地也。"这段话是说，古人没有立下画画的规矩之前，古人是依照什么规矩呢？古人立下规矩之后，就不让今人超出古代规矩的范畴了吗？千百年来，今人无法超越古人，就是因为这种守旧的风气。在当时"四王"主导画坛、师古风气盛行的京师，石涛不畏权威的大胆言论引起了很大的轰动。他进一步解释说："我之为我，自有我在。古之须眉不能生我之面目，古之肺腑不能入我之腹肠。我自发我之肺腑，揭我之须眉。"他尊重个体的独特感受，认为我之所以为我，是因为有自我的观念。古人的头发眉毛不能长在我的脸上，古人的肺腑不能放在我的腹肠之中。我要发出我自己的肺腑之音，描绘我自己的头发眉毛。

他的很多关于绘画的理论，都收在《苦瓜和尚画语录》中，在中国绘画史上具有十分重要的意义。他在自己的绘画中认真贯彻了自己"师法自然"的观念，推陈出新，留下了很多杰作，比如《搜尽奇峰打草稿图》、《惠泉夜泛图》、《梅竹图》、《墨荷图》、《竹菊石图》等。

石涛晚年定居扬州，由于生计艰难，只好靠卖画为生。这时，他的绘画艺术达到了炉火纯青的地步，登上了新的艺术高峰。《余杭看山图卷》、《卓然庐图轴》、《溪南八景图册》等都是这一时期的佳作。某一年的秋冬之际，石涛病逝，葬在扬州城外的隆庆寺后，走完了他的一生。

石涛与弘仁、髡（kūn）残、朱耷合称"清初四高僧"，他的画技在当时震动画坛，被看成清代以来三百年间的第一人。石涛主张自立门户，创造属于画家个人的艺术境界，这对后来扬州八怪的形成有很大影响，因此有"石涛开扬州"之说。王原祁曾说："海内丹青家，吾虽未能尽识，

而在大江之南,当推石涛为第一。"对他极为推崇。现代著名画家齐白石也说:"青藤(徐渭)、雪个(朱耷)、大涤子(石涛)之画,能横涂纵抹,余心极服之,恨不生前三百年,或为诸君磨墨理纸,诸君不纳,余于门外饿而不去,亦快事也。"他还写诗说:"下笔谁叫泣鬼神?二千余载只斯僧。焚香愿下师生拜,昨夜挥毫梦见君。"

清代石涛所绘的《卓然庐图轴》

洪升与《长生殿》

唐明皇和杨贵妃的爱情故事备受关注，以此为题材的诗词歌赋数量众多，连剧作家也纷纷提笔加入，洪升创作的昆曲《长生殿》就是传唱不衰的经典之一，梅兰芳的著名京剧《贵妃醉酒》也是根据它改编的。

洪升，字昉思，号稗畦，又号稗村、南屏樵者，浙江钱塘（今浙江省杭州市）人。清顺治二年（1645年）七月初一，他们全家正在逃难，母亲在杭州郊外的一个茅屋中生下了洪升，满月之后，他们才回到城里。洪家其实是一个大家族，历代为官，外祖父黄机在康熙朝曾官至刑部尚书和吏部尚书。他家藏书很多，有"学海"之称，因此洪升少年时代受到了很好的教育，他学习勤奋，很早就展现出过人的才华。康熙七年（1668年），他告别妻子，去京师闯荡，但是他出师不利，没有得到官职，失望地回去了。二十七岁那年，因为受人挑拨，他和父母的关系竟然恶化到不能共存的地步，他只好离家出走，过着贫苦的生活。康熙十二年（1673年）的冬天，他再次去北京谋生。这次他成功了。他的诗集《啸月楼集》得到王士禛等名人的赏识，一下子出了名，不再为生计发愁了。但是他孤傲的性格依然如故，对现实颇有微词，从来不在人前收敛，这也让很多人不喜欢他。

康熙十八年（1679年）冬天，洪升的父亲被人诬陷，发配边疆。洪升得知后，忧心如焚，他到处奔走求情，并且马不停蹄地日夜赶路，回到杭州，侍奉父母。好在后来他的父亲被赦免了，此时他已经心力交瘁。经过这次变故，洪升对残酷的社会现实有了比较深刻的认识，写下了《京东杂感》等同情民间疾苦的诗句。

洪升的主要成就是在戏剧创作上。在写《长生殿》之前，他写了很多剧本，比如流传下来的杂剧《四婵娟》。《长生殿》应该是洪升花费心血最多的剧作，他自己在《长生殿例言》中说，第一稿叫《沉香亭》，完成于康熙十二年（1673年）前，大意是写李白的遭遇。因为友人说这个题材很多人写，已经没有什么新意了，他就删去了李白的情节，改成唐朝大臣李泌辅佐唐肃宗平定安史之乱、中兴国家的故事，并且改名为《舞霓裳》。他看了白居易的长诗《长恨歌》和元代白朴的杂剧《梧桐雨》，深受感动，对这个剧又进行了删改，去掉李泌的情节，改成唐明皇和杨贵妃的爱情故事，于康熙二十七年（1688年）完成，前后大约历时十五年。

这部剧共有五十出，剧情曲折绵长。唐明皇通过选美发现了才貌出众的杨玉环，两人十分恩爱，唐明皇甚至不惜劳民伤财从海南运来荔枝，只为博取美人一笑。后来安禄山反叛，朝廷军队节节败退，唐明皇仓皇逃向四川，途经马嵬坡的时候，士兵哗变，杀掉杨国忠，要求唐明皇除掉祸乱朝政的杨贵妃。唐明皇无奈，只好赐贵妃自尽。祸乱最终被大将郭子仪平定。唐明皇日夜思念杨贵妃，道士作法让二人魂魄相见，最后玉帝传旨，让二人在天宫永为夫妇。

这部剧作围绕宫廷生活展开，同时穿插政治内容，描绘了天宝年间各种尖锐复杂的社会斗争，表现了唐代从兴盛到没落的命运。里面的主人公形象丰满，深情软弱的唐明皇，骄纵温柔的杨贵妃，大义凛然的郭子仪，坚强不屈的雷海青，都塑造得栩栩如生。剧情跌宕起伏，恰如其分，音乐配合得二者相得益彰。这部剧演出后，轰动一时，几乎家家都有人会唱几段。它和同时代的孔尚任写的另一部历史剧《桃花扇》齐名，洪升和孔尚任也因此被誉为"南洪北孔"。这些精彩篇章，比如

唐代周昉所绘的《调琴啜茗图》。表现了贵族妇女悠闲恬淡的享乐生活

《定情》、《惊变》、《骂贼》、《闻铃》等，至今仍在上演。

洪升因这部戏而名满天下，也因这部戏引祸上身。康熙二十八年（1689年）七月，孝懿皇后病逝，举国服丧，在此期间，停止一切娱乐活动。八月上旬，洪升家里演出《长生殿》，很多京城的名流绅士都来观看，不时大声叫好，气氛十分热烈。但是谁也没有料到，一场祸事临近了。

观众中有一个人叫赵执信，他是洪升的好朋友，很有文才，在京师中名气很大，但是性格孤傲，很多人不喜欢他。山东某地的知县黄六鸿是个贪官，他到京城到处打点，想换一个更有油水的职位，他听说赵执信跟很多高官都有来往，就备了厚礼，还写了几首诗，想跟赵执信拉关系。没想到赵执信对他不屑一顾，还说了几句羞辱他的话。黄六鸿恼羞成怒，伺机报复。当时朝廷中以刑部尚书徐乾学（汉族）为首的南党和以相国明珠（满族）为首的北党斗争正激烈，这给黄六鸿提供了一个很好的机会。这一年的春天，南党发难，康熙皇帝将明珠免职。洪升和南党中的重要人物高士奇来往密切，《长生殿》的内容又是写朝代兴亡之事，很容易引发人们的联想。黄六鸿向朝廷告状，说在皇后丧期中演出《长生殿》是"大不敬"的行为。康熙大怒，不仅洪升被"斥革下狱"（革去功名，押入监狱），连那些看戏的人都被处分了。有人感叹说：可怜一夜《长生殿》，断送功名到白头。人生刚刚有一点起色，就遭遇飞来横祸，洪升悲愤之极。他只好回到了家乡杭州。

康熙四十三年（1704年），江宁织造曹寅把洪升请到南京，举行了一个盛大的宴会，请了很多江南江北的名士来参加，隆重演出《长生殿》，一直演了三天三夜才结束。这场为世人所瞩目的盛事结束以后，洪升带着愉快的心情从南京返程，经过乌镇的时候，却不幸因为醉酒而失足落水，就此结束了跌宕起伏的一生，令人唏嘘不已。

洪升的著作现存不多，除了诗集和杂剧《四婵娟》、传奇《长生殿》外，其他的戏剧作品，如《回文锦》、《回龙记》、《闹高唐》、《锦绣图》等都已经失传了。

"板桥道人"郑燮

郑板桥的本名是郑燮,字克柔,板桥是他的号,人称"板桥先生",是扬州八怪的主要代表。他是清代著名的画家、诗人和书法家,诗书画被世人称为"三绝"。他提倡创新,在诗词中抛弃陈旧的套语,用白话来代替古文;擅长画兰竹石等,尤其以画竹著称;综合草、隶、篆、楷等四体,写出的字大小不一,疏密错落,十分别致,自称"六分半书",也称"板桥体"。著有《板桥全集》。

康熙三十二年(1693年),郑板桥出生于江苏兴化市,当时家道已经中落,一家人生活得十分拮据。他的父亲郑立庵是县里的私塾教师,很有学问。郑板桥从小就跟着父亲读书,对历史和诗词表现出浓厚的兴趣,并且展现出过人的天赋,过目成诵,三岁就能认字,八九岁会作文。可惜的是,三岁那年,他的生母汪夫人去世了,接着,十四岁那年,善良的继母郑夫人又去世了。二十岁左右,他考取了秀才,命运似乎从这时开始出现转机,但是事实证明,道路依然坎坷。第二年,他怀着美好的愿望第一次来到北京,暂居在西郊瓮山(今颐和园一带)。在漱云轩里,他用小楷写下了欧阳修的《秋声赋》,这是他流传至今的最早的书法作品。

三十岁那年,郑板桥的父亲去世了,郑板桥此时已经娶妻生子,在真州开设私塾,以教书维生,生活困苦不堪。他作了一首诗《七歌》,感慨万分。

郑生三十无一营,学书学剑皆不成。

市楼饮酒拉年少,终日击鼓吹竽笙。

为了改变窘迫的处境,他关了私塾,到扬州去卖画。在这期间,他二次赴京,结识了一个重要人物:慎郡王允禧,并且把自己在京师的见闻写成了

《燕京杂咏》。

雍正壬子年（1732年），他到南京乡试，中了举人。他在仕途的道路上看到了一线光明，为了深造，他到镇江焦山的别峰庵去刻苦攻读，至今那里还留着他当年的手书："室雅何须大，花香不在多。"乾隆元年（1736年），他第三次来到北京，参加礼部会试，中贡士。同年五月，在太和殿前参加殿试，中二甲八十八名进士。他抑制不住兴奋的心情，作了一幅《秋葵石笋图》，并题了一首诗："牡丹富贵号花王，芍药调和宰相祥。我亦终葵称进士，相随丹桂状元郎。"但是中了进士并不等于能做官，没有靠山和关系，他也只能顶着这个头衔在京师闲居。他到处游览，去过香山、颐和园等，跟很多寺院的僧人交往唱和，写了很多诗。他待了一年，却没有谋到一官半职，只好回到了扬州。

清代郑板桥所书的《行书诗》。这是他独创的"六分办体"的代表作

乾隆六年（1741年），郑板桥第四次来到北京，希望能"候补官缺"。这次，他终于如愿了。在雍正皇帝的叔叔、慎郡王允禧的举荐下，乾隆七年（1742年），郑板桥终于谋得了山东范县县令的职务，从此开始了十二年的县令生涯。

郑板桥在范县任上，重视农业发展，关心民间疾苦，将这里治理得井井有条，百姓安居乐业。四年后，他调任潍县县令。他在任期间做了很多好事，政绩突出，百姓拥戴，并且政事之余勤奋读书，诗文书画技艺更加精进，"吏治文名，为时所重"。但是因为他处世不够圆滑，不愿意拍马屁拉关系，常常得罪上司。他为官这些年，洞察了官场的种种弊端，于是逐渐萌生了退意。在潍县县衙，他想，争名夺利，到头来又如何呢？看待万事还是糊涂些好。于是，他提笔写下：难得糊涂。这既是激愤之词，又是豁达之悟。

清代郑板桥所绘的《墨竹图》

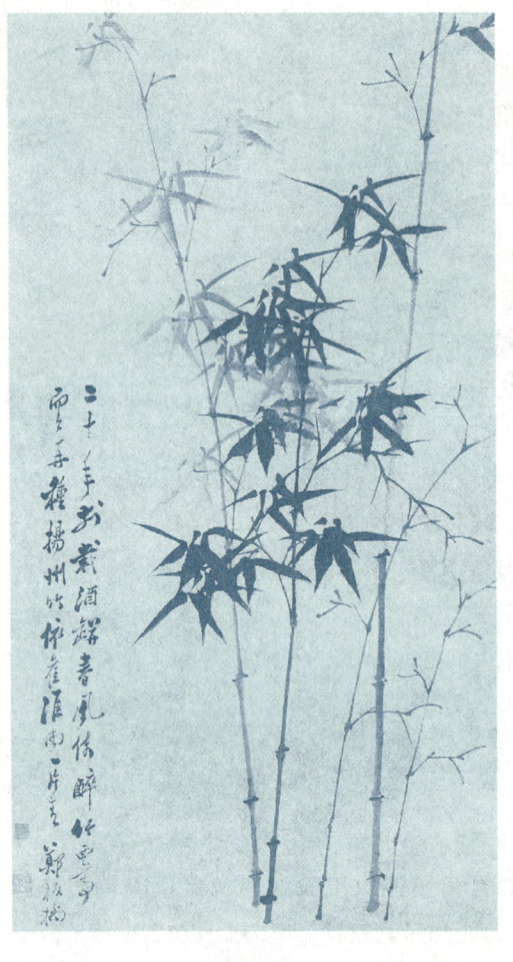

有一年，山东发生饥荒，郑板桥据实向上申报，恳请尽快救济百姓，并且责令富户轮流施舍粥饭给饥民，他自己也带头捐出了自己的俸禄。后来他看到灾情严重，饥民遍地，甚至有些地方还出现了人吃人的惨状，就毅然决定打开官府的粮仓，借粮食给百姓应急。下属都来劝阻他，如果不等上级批准，擅自开仓借粮，是会获罪的。他果断地说："如果等上级批准下来再放粮，百姓早就饿死了。"粮仓打开了，百姓排队写借条来领粮食，这一举措救活了很多人。接着郑板桥又大兴土木，修建城池，给饥民提供做工机会，让他们借此度过饥荒。当年秋天，庄稼歉收，郑板桥将所有借条一把烧毁。不料，他因为赈灾的事情却得罪了上级而被罢官，离开了潍县。这一年，他六十一岁。临走时，百姓挤满街道挽留，不舍得他走。家家将他的画像悬挂起来祭祀，并在海岛寺为他建了一座生祠。

回到扬州以后，郑板桥以卖画为生，来往于扬州和兴化之间，和一些同道中人互相唱和，度过了贫寒的余生。他和"扬州八怪"之中的其他人，比如李鲜、李方膺，私交很好，常在一起切磋诗文书画。他们三人合作了一幅《岁寒三友图》，郑板桥题诗道："复堂奇笔画老松，晴江干墨插梅兄。板桥学写风来竹，图成三友祝何翁。"

郑板桥最喜欢画兰竹石，因为这几种事物都不畏寒冷，凛然有气节，和自己的性格十分契合，他自称是"四时不谢之兰，百节长青之竹，万古不移之石，千秋不变之人"。郑板桥主张画画要不拘泥于古法，多观察，多体会，力求表现出事物的本来风貌。他提出了绘画三阶段说，即"眼中之竹、胸中之竹、手中之竹"，意思是，先要用眼睛仔细观察竹子的形象，然后在心中形成对竹子形象的深刻认识，最后用娴熟的笔墨技法把它表现出来。他画的竹子多为写意，一气呵成，气韵生动，形神兼备，深受世人称誉，"扬州八怪"之一的金农自叹不如，说自己画的竹子终究不如郑板桥画的有风度。他画的怪石则多有竹子作为点缀，交相辉映，给人一种强悍不羁又生机盎然的感觉。在一幅《竹石图》中，他题了一首著名的诗："咬定青山不放松，立根原在破岩中。千磨万击还坚劲，任尔东西南北风。"借竹石的形象鲜明地表达了自己的人生态度。他笔下的兰花，多为山野中的兰花，或者在悬崖峭壁之中，或者在山坡荆棘之侧，带着天真烂漫的气息。他的画给当时的画坛带来了清新的空气，很多人都不惜重金购买，视若珍宝。

郑板桥的书法也取得了极高的造诣，自成一家。他将真、草、隶、篆等四种书体结合起来，并且糅合了画兰竹的笔法，显得变化多端，出人意表。虽然在一幅字中有大小方圆各种变化，但却安排得错落有致，浑然一体。他谦虚地将这种书体称为"六分半书"，意思是说，这种书体和古人的八分书体（即汉隶，为各种字体的基础）相比，还差一分半。郑板桥的字获得了很高评价，和他同时代的金农说他的字："一字一笔，兼众妙之长。"

郑板桥自己刻印了诗集《板桥诗钞》、《板桥词钞》、《板桥家书》等，诗文感情真挚，语言通俗，慨然有气节。

清代诗人张维屏在《松轩随笔》中称赞郑板桥说："板桥有三绝：曰画，曰诗，曰书。三绝之中又有三真：曰真气，曰真意，曰真趣。"

乾隆三十年（1765年）冬天，郑板桥与世长辞，享年七十二岁。

孔尚任与《桃花扇》

有很多文人因一部著作而名满天下，提到这部作品，就令人联想到作者，比如《兰亭集序》和王羲之、《窦娥冤》和关汉卿、《清明上河图》和张择端等，提到著名历史剧《桃花扇》，人们就很自然地想起清代的大戏曲家孔尚任。

孔尚任字聘之，又字季重，号东塘，又号岸堂，自称"云亭山人"，是孔子的第六十四代孙。清顺治五年（1648年），他出生于山东曲阜一个破落的地主家庭，父亲孔贞璠是个举人，饱读诗书，对孩子的教育问题非常重视。孔尚任八岁的时候，就被送到孔庙旁边的学宫去读书。他十分聪慧，熟读经史子集，很快就能写诗文，通音律。十八岁那年，他中了秀才，之后却屡试屡败。三十岁的时候，他的父亲去世了，孔家开始衰落。祸不单行，同一年，孔尚任到济南去参加乡试，结果又名落孙山。曲阜城东北四十多里处，有一座石门山，峦叠嶂，山明水秀，任失望之下，干脆收过起了隐居的生活。一直过着悠闲的读书接触了很多南明遗血溅诗扇"的故事，生了无限感慨，准备亡之感"，创作传奇时仅仅描绘了一个轮修饰词藻。山上有十四座峰，峰景色十分清幽。孔尚拾行李，到石门山里在三十六岁之前，他生活。在这期间，他民，听到了"李香君对南明王朝的灭亡产"借离合之情，写兴《桃花扇》。但是当廓，没有充实内容，

清康熙年间的青花人物纹觚

在石门山住了好几年之后，他应衍圣公孔毓圻的邀请出山，到孔府编写《孔子世家谱》和《阙里志》，同时还训练乐舞生，选择工匠，进行祭器和乐器的制造。一年多来，他勤勤恳恳，日夜忙碌，孔毓圻对他的办事才能十分赞赏。

康熙二十三年（1684年）9月，康熙皇帝南巡，11月，他在返回北京的途中经过曲阜，要举行隆重的祭孔大典。经过孔毓圻的极力保荐，孔尚任受命为康熙讲书。这件事为孔尚任带来了命运的转机。

11月16日夜里，孔尚任已经躺下休息，忽然听到急促的敲门声，一位使者通知他赶快到东书堂接旨。他赶到东书堂，那里已经聚集了很多人，翰林学士和山东巡抚都在场。圣旨中说，皇帝来这里的目的是"鼓舞儒学"，在孔庙举行祭孔大典之后，还要安排人宣讲经文。给皇帝讲经是一件非常严肃的事情，不能有丝毫闪失，孔尚任在孔子的后人中学问出众，所以这项重任就落在了他的头上。

孔尚任不负众望，他在诗礼堂为康熙讲解《大学》中的内容，引经据典，深入浅出，见解精辟，康熙听后连连点头，颇为赞许。讲完经文，孔尚任又引导康熙观赏孔庙，他应对得体，大方自如，康熙对他更加赏识。康熙回到北京没两天，孔尚任就接到吏部通知，被任命为国子监博士。他对此感激涕零，后来还特地写了一篇《出山异数记》，来表达自己的忠心。第二年，他应召赴京，到国子监去上任。国子监祭酒（清朝中央政府官职之一，从四品，相当于现在的大学校长）对他非常重视，马上在彝（yí）伦堂开设讲坛，邀请孔尚任讲经。几百名学生齐齐坐在台下，洗耳恭听，场面蔚为壮观。

三十九岁那年，他奉命跟随工部侍郎到淮阳去治理水患，疏浚黄河的入海口，在江南待了三年。江南是南明王朝的重要据点，很多前朝遗老拒绝为新政权效力，在这里隐居起来。在扬州梅花岭，孔尚任参拜了史可法的衣冠冢，接着到金陵游览了燕子矶、秦淮河，拜祭了明孝陵，还到栖霞山的白云庵和道士张瑶星做了深入交谈，搜集了很多南明的野史轶闻。更重要的是，他结识了"明末江南四公子"之一的冒辟疆，从他那里得到了很多素材。冒辟疆和《桃花扇》中的主角李香君、侯方域、柳敬亭等都十分熟悉，亲身经历了南明覆灭的过程，晚年隐居在江苏如皋的一个庵里，经常召集宾客饮酒赋诗，谈到奸佞误国的前朝旧事，"须发倒张，目眦怒裂，音词悲壮激愤"。他不辞辛苦，跑了三百里路去找孔尚任，给他讲述了很多南明旧事。

康熙二十九年（1690年），孔尚任被调回北京。当时的北京戏曲演出很多，看戏成为一种流行的娱乐方式。他业余时间致力于戏曲创作，康熙三十三年（1694年），他和顾天石合作完成了第一部传奇《小忽雷》，上演以后，获得观众称赞。

康熙三十八年（1699年）6月，凝结着孔尚任无数心血的《桃花扇》终于完成，一经问世，立即引起了轰动，"王公荐绅，莫不借钞"，各个戏班争相上演，"岁无虚日"。

《桃花扇》是清代传奇的代表作，通过复社名士侯方域和秦淮名妓李香君的爱情故事，讲述了南明弘光王朝的覆灭经历。东林党人侯方域逃难到南京，重新组织"复社"，和奸佞余党阮大铖（chéng）进行斗争。阮大铖拉拢他们不成，遂趁弘光皇帝起用自己的

清代陈清远所绘的《李香君小像》

时机陷害侯方域，逼他投奔史可法，并将李香君强行许配给别人，却遭到激烈反抗，李香君血染香扇。南明灭亡以后，李香君出家，侯方域回来寻找她，最后也出家了。整部剧没有单纯停留在男女主角的爱情故事上，加入了很多当时的历史事件，比如史可法坚守扬州城等。

这部剧是一部伟大的现实主义历史剧，主题正如作者孔尚任所言：借离合之情，写兴亡之感。通过一个爱情故事，展开了种种情节，反映了明末残酷的社会现实，将统治阶级的腐化和斗争展现得淋漓尽致，从而揭示了明朝灭亡的根本原因。就连康熙皇帝看了剧本中南明皇帝纵情声色导致朝政腐败的情节之后，都大发感慨："弘光弘光，虽欲不亡，其可得乎！"著名学者王国维对这部剧十分推崇，称赞它为中国戏曲史上无与伦比的杰作。

就在孔尚任凭借《桃花扇》声誉如日中天的时候，厄运却来到了。有一天，突然来了一个皇宫内侍索要《桃花扇》剧本，孔尚任不敢怠慢，连忙奉上。这件事并没有引发什么波澜，因为剧本交上去之后毫无动静，一切如常。第二年春天，也就是康熙三十九年（1700年），孔尚任升迁为户部广东司员外郎。但是莫名其妙的是，他上任不到一个月，却突然被罢官了。罢官的原因不详，但是根据他的诗句"命薄忍遭文字憎，缄口金人受诽谤"可以推断出，他是因为《桃花扇》而遭此祸事。

从那以后，孔尚任再也没能东山再起，他的仕途生涯就此终结了。他在北京闲居了两年多之后，回到了故乡。康熙五十七年（1718年），这位名满天下的大戏曲家，在曲阜与世长辞。除了那部感人至深的《桃花扇》以外，还有第一部传奇《小忽雷》以及诗文集《湖海集》、《岸堂文集》、《长留集》等传世。

清代第一书法家邓石如

邓石如是清代著名的书法家和篆刻家，清代碑学的开拓者和奠基者，在中国书法篆刻史上占有重要地位。在他所生活的那个年代，书坛上笼罩着沉闷的气息，由于康熙和乾隆两位皇帝都喜欢赵孟頫和董其昌那种圆润妩媚的文人书法，因此引得人人仿效，帖学盛行，工整呆板的"馆阁体"书法一统天下。邓石如率先冲破了旧的藩篱，在书法上进行革新，提倡碑学，为书坛带来了新的生机，对清代书法艺术的发展起到了很大的促进作用。

邓石如最初名琰，字石如，清仁宗颙琰当了皇帝后，他为了避讳，就以"石如"作为名，字顽伯。因为住在皖公山下，所以又号完白山人、笈游道人、凤水渔长、龙山樵长等。乾隆八年（1743年），邓石如出生在安徽怀宁县一个贫寒的书香之家，祖父和父亲都酷爱书画，父亲邓一枝曾希望能通过科举改变命运，但是并未如愿，只好以教书谋生，连温饱都不能维持。邓石如九岁时跟着父亲读过一年书，十岁就辍学了，十四岁就不得不靠砍柴、卖饼来糊口。因为受到长辈的影响，他从小就对书法和金石产生了兴趣，勤奋临摹碑帖。十七岁那年，他所作的《雪浪斋铭并序》篆书获得好评，从此又开始为人写字、刻印，来赚得一点微薄的报酬。他自己叙述早年的这段经历时说："我少时未尝读书，艰危困苦，无所不尝，年十三四，心窃窃喜书，年二十，

邓石如的篆刻《意与古会》

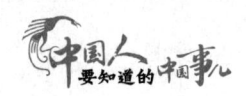

祖父携至寿州，便已能训蒙，今垂老矣，江湖游食，人不以识字人相待。"

三十岁那年，他在安徽寿县遇到了一个贵人——清代著名书法家梁巘（yǎn）。当时，梁巘正在循理书院讲学，偶然看到邓石如刻的印章，笔势雄健，很有才气，不觉眼前一亮。他认为这个年轻人如果能得到名师引导，假以时日，必成大器，于是热情地介绍他去找自己的好朋友，江宁大收藏家梅镠（liú）。

邓石如在梅镠家里待了八年。在这八年里，他每天清晨起床，磨出满满一盘墨水，然后就挥毫苦练，直到晚上墨水用完，才肯停笔休息。无论是数九寒天，还是炎炎夏日，从来没有偷懒过，"五年篆书成，乃学汉分"，"三年分书成"。梅家收藏了很多金石善本，他花了五年时间，临摹了几百本碑帖，学成了篆书，接着开始学隶书，又花了三年时间，把隶书也学成了。邓石如能成为书法大家，背后隐藏了超出常人的努力和付出。他为了学习篆书，手抄《说文解字》二十遍。《说文解字》共有九千三百五十三个字，抄二十遍，就有将近二十万字。他日夜用功，废寝忘食，半年时间就抄完了，平均每天抄一千字有余。为了学习隶书，他把汉代有名的碑文拿来临摹五十遍，还把秦代李斯的《峄山碑》、《泰山刻石》等临摹了一百遍。

邓石如离开梅家之后，戴着草笠，穿着草鞋，开始尽情游历名山胜水。不久，邓石如又陆续结识了当时一些非常有名望的学者，比如经学家程瑶田、扬州八怪之一的罗聘、风流才子袁枚、朝廷重臣曹文埴（zhí）等人，得到他们的高度评价，逐渐在书坛上名声大振。乾隆五十五年（1790年），乾隆皇帝八十寿辰之际，户部尚书曹文埴邀请邓石如随同进京。以书法自负的相国刘墉看到邓石如的字以后，十分欣赏，他不顾自己的身份，立即上门去找邓石如。鉴赏家陆锡熊对他也大加赞赏，拍案惊呼：千数百年来无此作矣！邓石如在京师一下子出了名。不料，他的成功却招致了一些人的嫉恨和排挤。内阁学士翁方纲是一个有名的书法家，擅长金石和小楷，但是书法的气势偏弱，邓石如雄浑古朴的书法风格和他形成了鲜明对比，翁方纲感到很不舒服。他担心邓石如将来会对他形成威胁，就开始攻击邓石如。邓石如被迫离开京师。乾隆五十六年（1791年），在曹文埴的介绍下，邓石如到两湖总督毕沅那里去做了幕僚。

幕僚是一个闲职，日子很轻松，除了教总督的儿子读书以外，并没有什么繁重的工作。但是邓石如是一个品性高洁、不愿意巴结权贵的人，看不惯官场中的趋炎附势，在那个地方待着，难免就落落寡合。三年之后，他毅然辞官回归故里，专心研究自己的书法艺术，从此再也没有踏入官场一步。他的好友、桐城派散文大家姚鼐曾给他写过这样一副对联：茅屋八九间钓雨耕烟须信富不如贫贵不如贱；竹书千万字灌花酿酒益知安自宜乐闲自宜清。

包世臣曾向晚年的邓石如学过三年书法，邓石如告诉他一个重要的书法要诀："疏处可以走马，密处不使透风，常计白以当黑，奇趣乃出。"包世臣后来撰写了《完白山人传》，详细记载了邓石如的身世、学习经历和书法风格。他认为，邓石如的书法是"神品"。曹文埴也认为："此江南高士邓先生也，其四体书皆为国朝第一。"

邓石如的四体书法中，以篆书成就最大，楷书、行书和草书次之。他的篆书初学李斯和李阳冰，纵横捭阖，字体偏方，和汉碑额（汉碑题额之字，多为篆书）相近，后学泰山碑的风格，笔势强劲，字体也逐渐变得狭长。晚年时的作品，线条厚重，气势雄浑，臻于化境，使清代隶书的面貌为之一新。他在书法上深入钻研，悟出"求规之所以为圆，与方之所以为矩者"的书法原理，将其运用到篆刻艺术上，创造了刚健婀娜的风格，后世称之为"邓派"。这是一个前所未有的创新，刚健和婀娜是两种不同的风格，刚健容易失之粗野，婀娜容易失之纤弱。邓石如把"刚"与"柔"巧妙结合在一起，将篆刻艺术提升到近乎完美的境界。

邓石如流传下来的作品很多，书法有《陈寄鹤书》、《游五园诗》、《篆书中堂》、《隶书四条屏》、《隶书节录文心雕龙》等，篆刻作品

清代邓石如所书的《楷书诗》。这是他晚年的成熟之作

有《我书意造本无法》、《家在四灵山水间》、《笔歌墨舞》、《城一日长》等。

关于那幅书法《陈寄鹤书》，还有一个小故事。邓石如养了两只鹤，鹤是一种长寿的动物，它们俩的年龄加起来至少有一百三十岁。某一日，雌鹤突然死了，雄鹤悲鸣不已。十几天后，邓石如的结发妻子沈氏也去世了，当时年已近六十的邓石如非常伤心。他不忍心看到孤鹤悲戚的样子，就把它送到三十里外的集贤关禅院里寄养，经常担着粮食往返三十里去喂养。嘉庆癸亥年（1803年），安庆知府经过集贤关禅院时，看到这只鹤颇有仙风道骨，气度不一般，就将它强行抓到府中。邓石如听到消息，立刻从镇江赶回安庆，写下了书文俱佳的《陈寄鹤书》。这篇文章内容真挚，措辞严厉，用了很多排比和拟人等修辞方法，非常有气势。知府接到这封信，无言以对，过了几天就把鹤送还给禅院了。

嘉庆十年（1805年），泾县有八块碑需要用大篆、小篆、行书、楷书等书体写字，邓石如爽快地接受了邀请。没想到，他仅仅只写了一块碑，就病倒了，当年十月病逝于家中，享年六十三岁。

晚清大画家任伯年

清末鸦片战争以后，上海对外开放，成为国内最大的商埠，到处纸醉金迷，人称"十里洋场"，吸引了不少怀着淘金梦的人。在绘画艺术领域，上海也聚集了来自各地的画家，他们思维十分活跃，打破陈规，创新求变，逐渐形成了"海上画派"。他们大都出身于平民家庭，以卖画为生，作品内容丰富多彩，画面清新生动，风格潇洒古朴，在平民阶层中很受欢迎。任伯年就是这些画家中的佼佼者。

任伯年，初名润，字小楼，后改字伯年，清道光十九年（1840年）出生于绍兴山阴一个民间艺人家里。他的父亲任声鹤是一个有文化的商人，在萧山开了一家米店谋生，一面经商，一面读书，还为人画肖像。他的大伯任熊、二伯任薰也都是赫赫有名的画家，并称"萧山二任"。在这样一个充满艺术气息的家庭中生活，任伯年从小就对绘画产生了浓厚的兴趣，早早掌握了基本的绘画技法。任伯年十来岁的时候，有一天，家里有客来访，正好父亲不在。那人走后不久，父亲就回来了，他问是谁来过，任伯年答不出来。他想了想，拿出一张纸，画了一幅肖像。父亲拿过来一看，马上就明白了。父亲看到任伯年有如此好的绘画天赋，就悉心培养他，把自己掌握的民间肖像画的技法一一传授给他，这样也好让他掌握一项本领，在这兵荒马乱的时期能够谋生。

十五六岁的时候，因为生活困窘，生计无着，任伯年来到上海一家扇店，画好扇面到街边去卖。他听说当时的著名画家任渭长的作品很受欢迎，就决定借用他的名头。他画了好多扇面，都题上了任渭水的名字，果然卖得不错，他的日子一天天好起来了。无巧不成书，有一天，任渭长正好从这里经过，看到扇面画得不错，就停步拿起扇面仔细端详，不料竟然看到上面的落款是自己的名字。他觉得十分诧异,就问卖画的少年:"这扇面是谁画的?"这少年回答说:"任渭长画的。"他笑了笑说:"我就是任渭长。"这少年羞愧地低下头,难为情地将自己的窘迫境遇告诉任渭长。任渭长十分同情他,看他的画很有灵气,就将他收为徒弟。从此,任伯年就跟随任渭长、任阜长兄弟俩学习绘画,他刻苦钻研,画艺大进。在这一时期,他还结识了一批以书画为职业的同行,如张熊、胡远、吴昌硕以及刘德斋等人。刘德斋是上海天主教会在徐家汇设立的图画馆的主任,擅长西洋素描。任伯年在他的影响下,也学习了西洋素描,甚至还画过裸体模特儿,写生能力大为提高。

1861年,太平天国进入绍兴时,任伯年的父亲去世了。没多久,任伯年被招到军队里当旗手,随军队转战南北。两军对阵时,他举着旗子冲在最前面。1864年,太平天国的都城天京陷落,任伯年返回了故乡,所幸没有官府来找他的麻烦。后来,他又去了上海,跟随自己的大伯任熊和二伯任薰学画。从此,他就长期在上海定居,以卖画为生。

任伯年画画的态度十分认真。有个朋友请他画狸猫图,他画来画去都不满意,心情十分烦闷。一天夜里,他上了床也睡不着,翻来覆去地想怎么才能画好狸猫的情态。忽然听到屋子外头有猫叫声,仿佛在打斗。他马上跳下床,打开窗户进行观察。猫被开窗的声音惊到,一溜烟跑走了。他不顾一切地尾随而去,跟着翻墙进了邻家的院子。邻居听到动静,吓了一跳,以为盗贼深夜上门,马上悄悄召集人,准备拿获以后送官府。在火光照耀下仔细一看,才认出是画家任伯年。第二天,任伯年就画出了一幅惟妙惟肖的《狸猫图》。

任伯年擅长画花鸟画和人物画,

清代任伯年所绘的《酸寒尉像》。他曾多次为吴昌硕画像,这是最精彩的一幅

尤其善于画肖像画。他是一个杰出的肖像画家，人物技法取自于陈洪绶、任熊、费晓楼等人，画出的人物生动传神，颇有意趣。代表作有《三友图》、《仲英小像》等。《苏武牧羊图》也是任伯年作品中著名的人物故事画之一，画面上的苏武挺直身体站立着，手持汉节，遥望远方，目光坚定，表现出不屈的精神，正符合画家当时因为外族侵略而忧国忧民的思想状态。他的花鸟画其实比他的人物画成就更大，但是因为当时画人物的画家少，有成就的更少，所以任伯年的人物画就非常出名。他早年擅长工笔花鸟画，后来逐渐吸取徐渭和朱耷的写意画法，画风趋向简练。他的花鸟画颜色淡雅，形象生动，格调温馨，开辟了花鸟画的新领域，对近现代的画坛产生了巨大的影响。有人评价他说："任伯年用色非常讲究，尤其是用粉，近百年来没有一个及得过他。"他的山水画不多，笔法简逸，很少有单独的山水画，常常是作为人物画的背景。

十九世纪八十年代，任伯年画名大振，这一时期是他的创作旺盛期。著名的《三友图》、《酸寒尉图》、《蕉阴纳凉图》、《九思图》、《把酒持螯图》、《池畔窥鱼图》等，都是这一时期的作品。他的画技达到了炉火纯青的境界，求购画的人络绎不绝，还有很多人来拜师学艺，模仿他的风格。为了满足很多人想一睹他作品风采的愿望，他在光绪十三年（1887年）出版了《任伯年先生真迹画谱》，由著名学者俞樾等人作序。画册出版后，大受欢迎。

任伯年勤奋钻研，专心创作，是历史上少见的高产画家。他留下的最早的作品是同治四年（1865年）作的；最晚的作品是光绪二十一年（1895年）冬天作的《三羊开泰图》，此时离他去世仅有一个月。

清代任伯年所绘的《三羊开泰图》。这是他去世不久前的作品

任伯年最初从师于民间画师，因此从民间绘画中得益很多，他自己也以民间风俗传说为题材创作过很多画。比如《蟠桃会》、《群仙祝寿图》等。同时他也从中国传统绘画和西洋绘画中吸取营养，将文人画与民间画结合起来，将中外绘画技法结合起来，将工笔画法与写意画法结合起来，形成了自己独特的风格。他的成就超过了他的老师，成为"四任"（任伯年、任阜长、任渭长、任预）中成就最高的一位。徐悲鸿说他是仇十洲之后的中国画家第一人，专门为他作了评传。英国的《画家》杂志也高度赞扬他："任伯年的艺术造诣与西方的凡·高相若，是十九世纪最有创造性的宗师。"

中国第一部电影故事片——《难夫难妻》

1895年12月28日,里昂的青年实业家卢米埃尔兄弟,邀请了一大群宾客,在法国巴黎卡普辛路一个大咖啡馆的地下室里,用活动电影机公开放映了几部用纪实手法拍摄的短片,入场观众每人付1法郎的播映费。这几部短片有《工厂的大门》、《火车到站》、《水浇园丁》等,内容非常简单,但是却引发了强烈的震撼。人们第一次看到活动的人物出现在白色银幕上,感到非常惊奇。看到银幕上的火车飞驰而来,有人吓得尖叫起来,有人用手捂住了眼睛,还有人吓得躲到座椅下面。消息传开后,连俄国沙皇、英国国王和奥地利皇帝都急切地想看一看这个新鲜的玩意儿。这玩意儿是卢米埃尔兄弟研究出来的,他们擅长快速摄影,发明了既是摄像机又是放映机和洗映机的机器,并且用这个机器拍摄了他们的作品。从这一天开始,世界公认的电影时代开始了,卢米埃尔兄弟俩,就当之无愧地成为了"电影之父"。

十年之后,中国人才开始涉足这一领域。1905年,北京丰泰照相馆主人任景丰对拍电影产生了浓厚的兴趣,就购买了摄影机等器材,开始影片的拍摄。他们花了三天时间,拍摄了第一部影片:著名京剧演员谭鑫培主演的京剧《定军山》。严格地说,这只是对京剧表演片段的机械记录。人们一般认为,中国第一部故事片是1913年由亚细亚公司出资并负责发行,新民公司负责具体拍摄的电影《难夫难妻》。

《难夫难妻》的编剧兼导演郑正秋

1909年，美国人布拉士其创办了"亚细亚影片公司"。1912年，美国商人依什尔和萨弗接管了这个公司，并将它改名为"亚细亚中国影戏公司"，宁波人张石川受聘担任公司的顾问。没过多久，张石川又邀请郑正秋一起成立了新民公司，为亚细亚影戏公司制作影片，筹集资金和发行的工作由美国商人承担。

郑正秋原名郑芳泽，号伯常，1889年出身于广东潮州的官商世家，小时候跟着家人迁居上海。他在上海接触到新剧，产生了浓厚的兴趣，经常以"药风"为笔名在报纸上发表剧评，并在《民权报》和《中华民报》开辟了戏剧评论专栏。他认为戏剧必须是改革和教化的工具，应该对社会风气起到积极的倡导作用，他编写的《难夫难妻》就充分体现了他的主张。

《难夫难妻》的导演张石川

郑正秋不仅操刀写了剧本，还和张石川联合导演，对第一部电影故事片的问世贡献巨大。影片中的演员均由文明戏演员充任。因为当时的风气还比较守旧，男女不能同台，因此片中的女主角也是由男演员充当的。新民公司还和这些演员签订了合同，里面有种种规章，比如不许中途退出等，如有违背，"重则罚洋，轻则记过"。

《难夫难妻》又叫《洞房花烛》，内容并不复杂，情节也很简单。在广东潮州地区，有乾坤两家，分别有一个儿子髻令和一个女儿标梅。乾家的家长想为儿子娶亲，于是不顾子女的意愿，托媒人说亲。媒人花言巧语说动了坤家的家长，于是乾坤两家择吉日成亲，一对素不相识的少男少女像傀儡一样拜了天地，被送入洞房，从此过起了"难夫难妻"的生活。

电影在上海香港路5号亚细亚影戏公司外面的一块露天空地上进行。他们在这块空地上垫起一个台子，铺上地板，四周用白布遮挡，搭成一个摄影棚。由于器材简陋，只能在白天进行拍摄，上午九时正式开拍。剧本模仿戏剧形式写成"幕表"，简明扼要，共分四项：幕数（场次）、场景（内外景）、登场人物、主要情节，这种简单实用的编剧方法在电影界一直被沿用很久。编剧兼导演郑正秋拿着幕表，一幕一幕向演员讲述。美国人依什尔操纵着一台德制"安纳门"手摇摄影机，导演张石川站在一旁指挥。镜头位置固定，连续不断地拍下去，直到一盒胶片拍完为止。五天之后，这部影片拍摄完毕。

1913年9月29日，《难夫难妻》在二马路的新新舞台隆重上演，观众如潮水一般地涌来，各家报纸用热情的口气盛赞这部影片，溢美之词不绝于耳，"惟妙惟肖，尽善尽美"，"目睹斯剧定必拍手叫绝，较之舞台演戏有过之无不及"，"此千载难逢之好机会幸弗交臂失之"……

回过头去，用客观的眼光审视，中国第一部电影故事片作为早期的影片，明显流露出很多不足之处：故事情节简单，演员表演夸张，导演技术也非常幼稚。张石川在《自我导演以来》中写道："导演技巧是做梦也没有想到过的，摄影机的地位摆好了，就吩咐演员在镜头前做戏，各种表演和动作，连续不断地表演下去，直到二百尺一盒的胶片拍完为止。"尽管这部影片存在着这样那样的不足，思想性、艺术性和技术性都有所欠缺，但它是接近现代意义的电影雏形，具有开创中国电影文化先河的重要意义，是中国电影发展史上的一个里程碑，将永远被载入中国电影史。